Hegel e o poder

Dados Internacionais de Catalogação na Publicação (CIP)
(Câmara Brasileira do Livro, SP, Brasil)

Han, Byung-Chul
 Hegel e o poder : um ensaio sobre a amabilidade /
Byung-Chul Han ; tradução de Gabriel S. Philipson. –
Petrópolis : Vozes, 2022.

 Título original: Hegel un die Macht
 ISBN 978-65-5713-421-4

 1. Filosofia alemã 2. Hegel, Georg Wilhelm
Friedrich, 1770-1831 3. Poder (Filosofia)
I. Título.

22-98032   CDD-193

Índices para catálogo sistemático:
Hegel : Filosofia alemã   193

Eliete Marques da Silva – Bibliotecária – CRB-8/9380

BYUNG-CHUL HAN
Hegel e o poder
Um ensaio sobre a amabilidade

Tradução de Gabriel S. Philipson

Petrópolis

© 2005 Wilhelm Fink Verlag, uma impressão do Grupo Brill (Koninklijke Brill NV, Leiden, Niederlande; Brill AS Inc., Boston MA, USA; Birll Asia Pte Ltd, Singapura; Brill Deutschland GmbH, Padernon, Deutschland)

Tradução realizada a partir do original em alemão intitulado *Hegel und die Macht – Ein Versuch über die Freundlichkeit*

Direitos de publicação em língua portuguesa – Brasil: 2022, Editora Vozes Ltda.
Rua Frei Luís, 100
25689-900 Petrópolis, RJ
www.vozes.com.br
Brasil

Todos os direitos reservados. Nenhuma parte desta obra poderá ser reproduzida ou transmitida por qualquer forma e/ou quaisquer meios (eletrônico ou mecânico, incluindo fotocópia e gravação) ou arquivada em qualquer sistema ou banco de dados sem permissão escrita da editora.

Conselho editorial

Diretor
Gilberto Gonçalves Garcia

Editores
Aline dos Santos Carneiro
Edrian Josué Pasini
Marilac Loraine Oleniki
Welder Lancieri Marchini

Conselheiros
Francisco Morás
Ludovico Garmus
Teobaldo Heidemann
Volney J. Berkenbrock

Secretário executivo
Leonardo A.R.T. dos Santos

Editoração: Maria da Conceição B. de Sousa
Diagramação: Sheilandre Desenv. Gráfico
Revisão gráfica: Jaqueline Moreira
Capa: Editora Vozes

ISBN 978-65-5713-421-4 (Brasil)
ISBN 3-7705-4201-0 (Alemanha)

Este livro foi composto e impresso pela Editora Vozes Ltda.

Sumário

Prefácio, 7

A beleza do poder, 11

A fisiologia do poder, 73

A metafísica do poder, 107

A teologia do poder, 151

Table d'hôte, 185

Notas, 211

Referências, 223

Prefácio

> *Nem sempre é necessário que o verdadeiro se incorpore; já basta quando, espiritualmente, paira ao redor provocando consonância, quando, como o som dos sinos, balance pelos ares grave e amável.*
> Johann Wolfgang Goethe

O presente livro explora a vida interior da filosofia hegeliana, na medida em que a ilumina a partir do fenômeno do poder. O poder não é um componente marginal do sistema hegeliano, mas sua constituição interna. Será tratado em toda sua complexidade, tanto em seu brilho quanto também em seus limites. A exploração do espírito hegeliano pela ótica do poder serve ao mesmo tempo a um outro *experimento*, a um outro *ensaio*. Ela tornará visíveis as formas do ser que, na contraluz do poder, não são capazes de aparecer.

Com frequência, o poder é levianamente equiparado com coação, repressão ou violência. Determinadas características da violência *podem* lhe ser inerentes. Mas ele não *consiste* nelas. O poder dominador não é necessariamente violento. Justamente onde se esmigalha o poder que tenciona e abarca, é que irrompem diferentes formas de violência, picando os olhos. A violência separa. O poder une. A atualidade da violência sempre antecede uma retração do poder. O poder não exclui tão pouco a liberdade. A medida do poder se mostra não no *não*, mas no *sim*, ou melhor, na mudança múltipla do não em sim. Não é na discordância, mas na concordância que está a autêntica forma de expressão do poder. É nisso que se distingue fundamentalmente da violência e da repressão[1]. Apesar do esplendor e do brilho, apesar, pois, de certa beleza do poder, este não exaure o *ser*. Ele eclipsa outras formas de esplendor ou as torna fogo-fátuo. O ensaio sobre a amabilidade se põe em busca de outro brilho do ser.

O poder caracteriza também uma relação particular com o outro. Torna capaz ao um *se* continuar nos outros. Promove uma *continui-dade de si mesmo*. Não pressupõe, no entanto, violência ou repressão. O poder é, ao contrário, maior ali, onde o outro se submete ao um por *livre e espontânea* vontade. A submissão não se fundamenta necessariamente na repressão. O "poder *livre*" do qual discorre Hegel não é, portanto, um oximoro, mas um pleonasmo no momento em que o poder se intensifica em sua forma suprema[2]. O outro diz *sim* ao um que o alcança. A incondicionalidade do sim é a infinitude do poder. A *palavra do poder* de Hegel "tu és carne de minha carne" sela a *continuidade do si mesmo*. A palavra do poder não é, contudo, a última palavra, nem mesmo a *palavra* por excelência. Contra a palavra do poder hegeliana que aparece como palavra da liberdade ou também como palavra do amor, o presente livro procura e ensaia tornar audível uma palavra completamente diferente que brilha apesar da, através da ausência de poder. Dedica-se à *palavra amável*.

A beleza do poder

> *Algo acontece sempre que se gera um som. Ninguém pode ter uma ideia se não tiver já alguma vez realmente começado a ouvir.*
> John Cage

> *Forma: cordialidade comporta-mental*
> *Percepção amável: a cor lhe dá prosseguimento*
> Peter Handke

"Na natureza", constata Hegel na Introdução à *Filosofia da história*, "nada de novo acontece sob o Sol" (12.74)[3]. O "jogo multiforme de suas configurações" também causa, continua ele, apenas um "tédio". Em sua famosa caminhada nas montanhas de Berna, estas lhe pareceram também como "massas eternamente mortas" que provocam uma "ideia uniforme e prolongadamente tediosa: *é assim*"[4]. O córrego glacial estrondoso tampouco pode lhe dar ânimo. Hegel percebe somente um "ruído eterno" que "àqueles que não estão acostumados e que ficam horas ao seu lado, causa no mínimo tédio"[5].

A natureza é entumecida em é-assim. Está presa nas repetições. Apenas o espírito é capaz de criar o novo contra as repetições do ser-assim tedioso: "Mesmo uma ideia ruim, como a que vem à cabeça do ser humano" é, diz Hegel, "observada *segundo a forma*", "*mais elevada* do que qualquer produto da natureza", pois é produzida pela "espiritualidade e liberdade" (13.14). Sem tal expressão livre, a natureza está *lançada* na variedade fortuita. Nisso consiste a "impotência da natureza" (6.282). Não é um *projeto*, mas é o *estar-lançado* que determina a natureza. Apenas o espírito tem o poder de *se* projetar. Refém do espaço, refém do peso, cada montanha representa a natureza em sua falta de liberdade total. Sem "interioridade", totalmente no espaço, desaguada em seu "estar fora um do outro", se iguala à morte. Não apenas não há nada de novo "sob o Sol", como o próprio sol é uma massa morta, inerte, "indiferente, que não é livre em si nem autoconsciente". De modo que o "sol claro do espírito" também faz "empalidecer a luz natural"[6]. Na duração eterna, tediosa, do é-assim, não se eleva um *eu-quero* enfático que seria a palavra-poder do espírito. Com isso, o espírito de Hegel seria oposto àquele outro espírito do Extremo Oriente[7], para o qual o é-assim, o ser--assim, seria uma experiência afortunada, até mesmo a *experiência* por excelência.

Segundo a teoria estética de Hegel, o belo se aloca na profundeza da interioridade. De modo que o animal, por ter intrínseca a alma, é o "pico da beleza natural" (13.177). Ao contrário das plantas, por exemplo, que não são capazes de sustentar seus membros "em submissão completa à unidade do sujeito" (10.19), o todo do organismo animal está atravessado pela unidade interior da alma. Por força dessa interioridade subjetiva da alma, o animal se manifesta ao exterior como uma liberdade. É-lhe inerente a "liberdade contra a apatia do pesado" (9.433). Não é mais refém do espaço.

Ao contrário, redime o espaço, na medida em que se move livremente.

A vida animal constitui, com efeito, a beleza natural suprema. A Hegel, contudo, não agrada o bicho-preguiça, que "só se arrasta custosamente e seu hábito como um todo mostra a incapacidade de movimento e as atividades velozes" (13.175), pois mobilidade e atividade são as "idealidades mais elevadas da vida". Por sua lentidão e "preguiça sonolenta", o bicho-preguiça se assemelha muito a uma pedra entumecida, em é-assim. Afunda-se na "apatia do pesado". Liberdade e atividade são constitutivas do belo. De modo que as Cataratas de Staubbach, em Lauterbrunnen, agradam a Hegel, apesar de não possuírem alma. O jogo livre gracioso, sem coação, da água que simula um espírito o encanta. Distrai os pensamentos sobre a falta de liberdade, sobre a *necessidade da natureza* (1.614). O "espírito" de Hegel é, com efeito, uma oposição contínua ao ser-assim.

Ao lado do movimento autônomo, a voz, na condição de uma "alta prerrogativa do animal que pode aparecer de modo maravilhoso" (9.433), é uma exteriorização da alma. Constitui uma vibração-em-si do si mesmo. A voz animal se distingue, assim, fundamentalmente daquele ruído do qual não se percebe a interioridade subjetiva, a alma. Sua fricção e golpe sem interioridade, exterior, arrastam consigo um tédio. Horrivelmente tedioso é justamente esse "ruído eterno" do córrego glacial que corre continuamente pelas massas de pedras. Ao contrário, por exemplo, do corpo de metal, ao qual é imanente certa interioridade devido a uma coesão específica, a água que somente derrete é inconsistente em si, não podendo gerar um som.

O som é um fenômeno da interioridade. Ele se diferencia do "ruído". O "som autêntico" é uma "vibração interior do corpo", enquanto o "ruído" é um "tremor e som exterior"[8]. É um "andar de lá pra cá da coesão, um ir em-si, de modo que se conserva"[9]. A vibração gerada pelo som é um movimento flexível antagônico que vai pra-fora-de-si e de-volta-a-si. Sem a aspiração-a-si, o corpo simplesmente se rompe na violência exterior. Uma vez que o de-volta-a-si ocorre contra a influência externa, o "ir-em-si" é "negativo". A coerência se manifesta, portanto, como um poder da interioridade. Ela consegue fazer com que o corpo permaneça *em si* contra a influência externa. A aspiração-a-si é o principal traço da interioridade. O corpo soante tem, pois, um tipo de alma. Apenas a alma produz um som belo. De modo que nenhum ruído é belo.

Para Hegel, bela é apenas a interioridade da alma que se externa livre na realidade. O interior que o exterior conforma, através do qual a figura exterior se impõe, a este Hegel chama de con-*ceito* [Be-*griff*]. Ele não designa nada abstrato. De modo que Hegel pode escrever o seguinte: "o conceito é realizado como a alma em um *corpo*" (8.373). Como um traço do interior, o conceito se realiza no exterior, pelo que, nessa realidade exterior, não se vê metido fora de si, mas permanece completamente em si. No exterior ele está em si, pois *se* externa. O caminho ao exterior é ao mesmo tempo o caminho para *si*. Bela é a manifestação livre do interior no exterior, o brilho do conceito que reluz pela realidade exterior. Esse brilho é o brilho da verdade. O ideal do belo é a pura aparência sem entraves do conceito na realidade exterior. Essa unidade entre conceito e realidade é o verdadeiro. De modo que o belo é, em Hegel, também um acontecer da verdade. É a aparência sensível do conceito. O acontecer da verdade é ao mesmo tempo um acontecer do poder. A aparência bela é o brilho do conceito que *se* continua na realidade. O poder é a capacidade de *se* continuar no outro.

O conceito como princípio da vida dá *ânimo* às partes formando uma unidade e totalidade viva, orgânica. Ele tem que, com efeito, conceituar em si o poder de manter tudo em si. Pode-se dizer em alemão que *Im Begriff alles inbegriffen ist*, quer dizer, que no conceito tudo está *contido*. Nada deve ficar fora da interioridade do conceito. Belo é esse recolhimento, essa reunião em torno do um, na qual nada foge, como mero exterior, nem se torna independente ou decai em dispersão, da unidade orgânica, da interioridade do conceito que tudo conceitua em si, que a tudo se impõe, poderosa. Belos são os membros que permanecem integrados em um contínuo orgânico. A beleza consiste no poder do recolhimento, "as milhares de unidades retornadas de sua dispersão para se concentrarem em *uma* expressão e *uma* figura" (13.201).

Heidegger também atribui a beleza à reunião no um, na interioridade que reúne. A beleza consiste no *synagoge*, "no ajuntamento conjunto no um"[10]. Belo é o traço, sim, a sucção que interioriza virando um. O *próprio* poder é, por esse motivo, "belo", pois provoca uma continuidade inquebrantável da qual nada descola. O poderoso também trabalha na *continuidade do mesmo*. O poder leva-o a crescer, digamos assim, espacialmente. O poderoso é, com efeito, o *espaço* no qual em todo lugar está em si mesmo e se desfruta.

Bela é a interioridade. As linhas ideais da beleza não são, por esse motivo, retas. As linhas retas *se* perdem pelo exterior, não permitem recolhimento, interioridade ou ser-refletido--em-si. O traço para si faz com que as linhas se curvem. Em relação aos produtos da arte, Hegel também os conecta as linhas retas, que seguem a simetria e a regularidade, com a interioridade menor. De modo que são utilizadas apenas nos inícios da arte, "enquanto, depois, as linhas livres que se parecem com a forma do orgânico emitem o tipo fundamental" (13.322).

A altura da beleza é medida na profundeza da interioridade. A planta pode até ser mais bela do que um cristal. Mas seus membros não são mantidos "em submissão integral sob a unidade". A planta é a "impotência de não manter seus membros em seu poder". Ela até tem um tipo de interioridade, na medida em que é capaz de desenvolver a partir de si uma totalidade orgânica. Mas sua existência é ainda a da "vida fraca e infantil" (9.372). Devido à interioridade insuficiente, ela se desenvolve de modo múltiplo no exterior. Seu si mesmo é constantemente "direcionado pela luz exterior, para fora" (9.186). Não está completamente em si, mas fica fora de si. Falta-lhe aquela alma que seria necessária para a unidade e o recolhimento que a tudo se impõem. Sem poder se fechar em si, cresce continuamente. Esse modo de existência do *e-assim-por-diante* carente de interioridade não forma um círculo belo no qual um retorno constante a si seria possível, mas uma linha que se perde rumo ao exterior.

A interioridade, além disso, é excludente. A interioridade do conceito se externa em sua inteligibilidade. Devido a um caráter difuso do conceito, Hegel nega ao "ser hermafrodita" a beleza. Os gêneros não devem se misturar. Tais misturas são "estranhas e contraditórias" (13.176). A beleza não aparece nas "passagens" onde não há nenhuma transparência conceitual. O "conceito" de Hegel não tolera, pois, muita pluralidade. A *amabilidade* que permite as passagens e os intervalos não lhe é própria.

Como era de se esperar, Hegel não dá muita atenção à paisagem. Ele não encontra nela uma "estrutura orgânica" (13.176), ou seja, uma alma, cujo "conceito" unifica as partes em um todo orgânico. A paisagem apenas constitui uma "conexão exterior" sem animação interior. Ela é continuamente apenas *aditiva*. Hegel percebe, entretanto, que dentro dessa "variedade rica de objetos", em meio à "diversidade" de "contornos das montanhas, sinuosidades dos rios, grupos de árvores, cabanas, casas, cidades, palácios, caminhos, embarcações, céu e mar(es), vales e clivagens", uma "consonância complacente ou imponente exterior" "aflora" que "nos interessa". Em que consiste, contudo, esse interesse? Será que ela nos interessa apenas porque nos abre a possibilidade de projetar nosso ânimo na paisagem, a possibilidade, portanto, de fazer um uso dela? A paisagem recebe um significado para Hegel somente quando é posta em relação com os "estados de ânimo" (13.177), ou seja, quando ela, por assim dizer, aparece como uma pintura da alma. A "quietude de uma noite de lua", por exemplo, refletiria preeminentemente um estado determinado de ânimo. Nesse contexto, o riacho da montanha, cujo ruído não agrada nem um pouco a Hegel, também tomaria parte de uma beleza. Entretanto, Hegel o faz serpentear *sem ruído* e silencioso pela "quietude do vale". Ele deve correr silencioso pelas sinuosidades da alma. Não é da natureza enquanto tal que deve vir o significado. Ao contrário, ele é buscado na ambiência do ânimo por ela despertada. A paisagem vira aqui, por assim dizer, uma refém da *alma*. Será preciso, portanto, recortar a alma para enxergar a natureza em seu ser-assim. Hegel não é capaz de perceber a beleza do ser-assim.

A harmonia das cores e figuras pode ser bela. Devido à falta de interioridade, contudo, permanece um pertencer-um-ao-outro e uma consonância exterior. Na melodia, contudo, Hegel ouve uma alma que se move. A paisagem exterior não tem, portanto, melodia. Ao contrário da harmonia que nem se parece com a animação subjetiva, nem com a espiritualidade, uma "subjetividade mais elevada, livre" (13.188) se baseia na melodia. Traz consigo o canto, o "soar livre da alma", no qual ela se escuta, se comove e se desfruta.

No belo canto, a cotovia pode escutar e se entregar ao desfrute de si mesma. Na condição de *animal*, contudo, não é capaz de fazer a alma transluzir ilimitadamente: "O que vemos, contudo, diante de nós, nos organismos animais em sua vivacidade não é esse *ponto de unidade* da vida, mas apenas a *variedade* dos órgãos [...]. O lugar autêntico das atividades da vida orgânica permanece-nos encoberto, vemos apenas os contornos exteriores da figura, e eles estão novamente sem exceção encrustados com plumas, escamas, cabelos, peles, espinhos e cascas" (13.193). A pele coberta de camadas mortas do animal se aproxima da do "vegetal", no qual nenhuma alma se move. A alma animal não é capaz de penetrar as camadas "vegetais". Elas permanecem inanimadas. A exterioridade vegetal que envolve o organismo animal aponta para a falta, para a profundidade ausente da interioridade animal.

A voz humana é bela na medida em que é uma expressão da interioridade. Ela atinge uma beleza pura, contudo, apenas quando se efetiva sem órgão: "Da mesma forma, o tom da voz humana deve se desenvolver puro e livre da garganta e do peito, sem o zumbir conjuntamente com o órgão, como é o caso nos tons mais roucos, não se pode escutar qualquer tipo de estorvo perturbador não superado. A beleza do tom é, nessa relação meramente sensível, essa claridade e pureza livre de toda e qualquer mescla estranha em sua determinação firme sem dispersão, pela qual se distingue do murmúrio, do chiado e assim por diante" (13.326). A alma deve atravessar o órgão de tal modo a se tornar puro corpo de ressonância de si mesma. A bela voz é livre de todo e qualquer *ruído* originado próximo ou fora da alma, que se priva, portanto, de seu poder idealizador. Ela dá a ouvir apenas a alma pura. A voz ideal deve não indicar *aspereza*. Nenhum *ruído* que venha *de qualquer outro lugar* pode enturvar sua clareza. Nenhum *outro lugar* que despoje a transparência da alma, na qual ela se perca, pode se apoderar da voz. Senão ela soará *embaçada*, *áspera* mesmo. Essa voz ideal hegeliana está, com efeito, oposta àquela voz áspera que parece fascinar Roland Barthes: "algo existe, inconfundível, contumaz e univocamente (a gente pode apenas ouvi-*lo*), que fica além (ou aquém) do significado das palavras [...], algo que vem direto do corpo do cantor que insiste no ouvido em um e mesmo movimento da profundeza das cavidades, músculos, cavidades e cartilagens [...], como se se contraísse, na carne interior de quem recita e na música cantada, uma e mesma pele"[11].

A nudez da pele humana Hegel também sabe traduzir em sua anatomia filosófica. Uma vez que, ao contrário da pele animal, não está revestida com "invólucros não vivos do tipo vegetal" (13.194), aflora o "sangue pulsante", o "coração palpitante" em toda a superfície na aparência exterior e, com isso, anuncia que o ser humano tem uma alma profunda. Hegel percebe a interioridade profunda da alma humana também na cor terna da pele: "da mesma forma revela-se toda pele como sensível e mostra a *morbidezza*, a cor da carne dos nervos da tez, essa cruz para o artista". A *morbidezza*, a maciez da cor da pele faz transluzir a bela alma, da qual todo corpo humano está impregnado. A pele humana não é um invólucro "vegetal", mas uma membrana transparente da alma.

Tanto o que diz respeito à cor da pele quanto também à morfologia dos olhos, a antropologia filosófica de Hegel se orienta aos europeus. O melhor seria o olho ser envolvido por ossos elevados, de modo que as "sombras intensificadas na órbita ocular [...] deem a sensação de uma profundidade e interioridade não dispersa" (14.392). Assim, a alma profunda ficaria especialmente destacada pela "agudeza cortante dos ossos oculares". O olho não deve, além disso, se "colocar adiante" e, "por assim dizer, se atirar na exterioridade". O que teria

Hegel a dizer sobre aqueles olhos *chatos* orientais que estão depositados no rosto de modo mais bem fugaz do que afundados na profundeza dos ossos? Deve-se pressupor que Hegel se referiria àquele espírito do Oriente ancorado na natureza, em cuja cultura ele não encontra a interioridade subjetiva. O rosto chato também não seria belo. Denuncia a interioridade faltante. Somente a alma dota o rosto com cavidades profundas e dramáticas. Hegel vive certamente ainda naquela "mitologia da alma – oculta, que constitui o centro –, cujo fogo irradia desde do espaço protetor das cavidades oculares a um exterior sensível, ardoroso"[12].

Hegel tem em mente uma pele completamente espiritualizada, uma pele da alma coberta completamente pelos olhos: "Tomemos para a próxima explicação a figura humana, ela é, pois, como já vimos anteriormente, uma totalidade de órgãos, na qual o conceito está dispersado de um ao outro e manifesta em cada membro apenas alguma atividade particular e movimento parcial. Se nos perguntamos, contudo, em qual órgão particular a alma aparece toda como alma, então indicamos de imediato o olho; pois no olho a alma se concentra e não vê apenas por ela mesma, mas também ali é vista. Como o coração pulsante se mostra, então, na superfície do corpo humano, ao contrário, em geral, na do animal, no mesmo sentido deve-se afirmar da arte que ela se converte em todos os pontos das superfícies visíveis em olho, que é o lugar da alma, e que traz o espírito à aparência" (13.203). Dessa pele misturada com o olho, que seria na verdade uma imaginação monstruosa, Hegel fala precisamente na passagem do belo da natureza para o da arte, e ainda imediatamente depois de explicar a insuficiência do belo da natureza.

Apesar da *morbidezza*, apesar da alma sensível, apesar da espiritualidade da pele humana, nelas se expressa a "necessidade da natureza" (13.194). Na pele humana Hegel enxerga as marcas da natureza que não se podem apagar. Está encrustada com "cortes, rugas, poros, pelinhos, pequenas veias e assim por diante". Devido a sua nudez, é verdade que deixa a alma transparecer. Mas essa mesma nudez a torna vulnerável. De modo que ela não apenas tem dobras, como também feridas e cicatrizes.

Aqui, a arte surge em socorro. É, com efeito, tarefa da arte alisar essa pele irregular, cicatrizada, enrugada, submetê-la a uma operação de beleza, impregná-la completamente com a alma, de modo a suprimir a imperfeição da natureza: "Então há sobretudo morto, feio, ou seja, o caso é que a figura humana é determinada por outras influências e dependências, de modo que é justamente um assunto da arte extinguir a diferença do meramente natural e do espiritual, fazendo com que também a corporeidade exterior fique bela e a figura por completo refinada, espiritualmente viva e animada" (14.22). Como representar uma pessoa morta, coberta de feridas? Como deve ser obtida a *bela aparência* com a qual se deveria revestir essa feiura desmesurada em si?[13]

O corpo pertence ao espírito necessariamente como "*sua* existência". Sem ele, o espírito não é capaz de se manifestar. O mesmo corpo o envolve, contudo, na finitude, na necessidade da vida natural. Redimi-la e "destacar apenas o enfoque espiritual da forma em seu contorno vivo" (14.405), são essas as tarefas da arte ideal que Hegel vê. A tarefa da roupa na escultura ideal corresponde, então, a cobrir a "abundância de órgãos que, embora sem dúvida necessários para a autopreservação do corpo, para a digestão e assim por diante, para a expressão do espírito são, contudo, apenas superficiais". O pudor é, segundo a definição de Hegel, o "começo da ira quanto àquilo que não deve ser" (14.402), ou seja, o meramente animalesco. De modo que o ser humano, "consciente de sua determinação superior de ser espírito, [deve] considerar o meramente animalesco como uma inadequação e ansiar ocultar sobretudo as partes de seu corpo, ventre, peito, costas e pernas, que têm somente funções animais ou apontam apenas ao exterior como tal e não têm nenhuma expressão espiritual, como uma inadequação diante da interioridade superior". De um lado, o espírito precisa do corpo. Ele é até mesmo "*sua* existência", na qual ele se realiza. De outro lado, ele se envergonha de suas partes que não estão atravessadas manifestadamente pelo espírito. O corpo ideal, no qual o espírito estaria completamente em si mesmo, ou seja, no qual não padeceria mais de alienação nem vergonha, seria sem ventre, peito, costas e pernas. É assim que são estas partes do corpo que devem ser cobertas. Apenas o olho deveria ser livre de ocultamento.

A arte "joga fora [o] apenas natural da existência em necessidade" (13.206). Por força dessa "purificação", cria o "ideal". Assim, os retratistas "*devem* adular", na medida em que fazem com que desapareçam os "pelinhos, poros, pequenas cicatrizes e pintas da pele". Mediante certa mentira, deve apenas fazer salientar os "traços verdadeiros que expressam a alma mais própria do sujeito". Omitir-se, além disso, é a tentativa de "tornar os rostos amáveis, de dar um traço de sorriso", o que é "muito perigoso". A amabilidade se torna, "de modo demasiadamente fácil, em docilidade mais insípida" (15.105). Não constitui um "caráter". O "espírito" não ri nunca. O riso elipsa seus "traços rígidos".

O "conceito" não é completamente livre ou infinito enquanto se mover na realidade exterior algo que não lhe está conforme. Assim, a arte se empenha em tornar o exterior inteiro conforme o conceito, e Hegel diria ao seu *pró-*

prio conceito. O conceito deve se atravessar pela realidade de tal modo "que nela tenha somente a si mesma e nela não deixe aflorar nada outro do que si mesmo" (13.201). Essa travessia não é outra coisa do que o poder do conceito. Por meio desse poder, o conceito permanece em si no outro. Ele é, com efeito, o "que permanece em si mesmo no seu outro na clareza inalterada" (8.312). O conceito deve se voltar à realidade, para que possa se exteriorizar, aparecer. Mas esse se voltar [*Zukehren*] para a realidade exterior não deve ser uma inversão no outro [*Verkehrung-ins-Andere*], mas deve ser um retorno a si [*Rückkehr-zu--sich*]. A realidade exterior deve, portanto, se tornar completamente *sua* realidade, *seu* outro, o "seu", para que ele não se perca na realidade, mas nela permaneça constantemente em si. O conceito se desfruta na realidade. O autodesfrute é o traço fundamental do poder. O poder é a capacidade de *se* continuar inabalável no outro: "pois o conceito não permite que a existência exterior no belo siga suas próprias e mesmas leis para si, mas determina desde si sua estrutura e figura aparentes que distingue justamente a essência do belo como ressonância do conceito consigo mesmo em sua existência. O vínculo, contudo, e o poder da coesão são a subjetividade, unidade, alma e individualidade" (13.152). O belo é, portanto, uma formação de poder. Ele se deve à travessia do conceito que reúne o múltiplo no um. O poder é "belo", porque provoca a continuidade do si mesmo referindo-se à subjetividade, à continuidade de si mesmo.

A ressonância bela entre espírito e realidade sensível que distingue o ideal clássico da beleza, se dissolve na arte romântica. A dissolução do ideal clássico não significa, entretanto, que o espírito se dá conta do limite de seu poder, que ele percebe que há algo que se exime dele. O incômodo da ressonância bela não anuncia o *sublime* que se eleva sobre toda mediação conceitual. Ao contrário, o espírito se liberta "de sua reconciliação no corporal" para si mesmo, "em direção à sua conciliação de si mesmo": "a totalidade simples, pura, do ideal se dissolve e rui na totalidade duplicada do subjetivo que é em si mesmo e da aparência exterior para que, por essa separação, o espírito possa atingir a conciliação mais profunda em seu próprio elemento interior". A dissolução do ideal clássico da beleza não anuncia, portanto, o fim da "conciliação", mas o começo de uma nova "conciliação mais profunda", que promete mais do que o ideal clássico. Ela redime o confinamento do espírito no sensível. De modo que a arte romântica celebra a "elevação do espírito *a si*" (14.128).

O ideal clássico da beleza não faz completamente jus ao "verdadeiro conceito do espírito". No belo, o espírito de fato aparece sensivelmente. Mas o sensível é um meio que não é apropriado para a manifestação completa do espírito. De modo que a interioridade espiritual se eleva acima da sensibilidade exterior: "a interioridade celebra seu triunfo sobre o exterior e faz aparecer essa vitória no próprio exterior e nela mesma, pelo que a aparência sensível se rebaixa à falta de valor" (13.113). No exterior deve-se, portanto, fazer conhecer que este é apenas o "exterior de um sujeito que é internamente *para si*". Desse modo, a espiritualidade deve formar, na condição de interior que se estende pela ressonância bela com o exterior, um "ponto médio essencialmente luminoso". Dado que a arte, contudo, está vinculada com o sensível, a arte romântica é, pois, a "ultrapassagem da arte sobre si mesma, no interior de seu próprio âmbito e na forma da própria arte". Devido à sua espiritualidade, a arte romântica se constitui uma forma de arte "mais elevada" do que a clássica (13.111)[14]. Ela abandona a beleza em sentido clássico e cria uma "beleza *espiritual*".

A interioridade subjetiva anima a forma de arte romântica. Ela falta, contudo, à arte clássica. De modo que, apesar de sua beleza, a figura dos deuses gregos é "sem olhar [*blicklos*]". Seu olho não tem a brasa da alma interior. Não expressa "nenhum movimento ou atividade do espírito que se foi de sua realidade corpórea em si, adentrando até o ser-para-si interior" (14.131). E enquanto o templo grego em sua "abertura serena" (14.332) se abre ao exterior, a casa do senhor cristã se fecha para dentro como uma obra romântica. Já o portal introduz a interiorização. O "estreitamento perspectivo" indica "que o exterior deve se reduzir, se estreitar, desaparecer, para que uma entrada se forme" (14.342). O ideal da arquitetura romântica é a "casa *completamente fechada*". Nessa reclusão um lugar de recolhimento se forma, a "quietude do ânimo [que] se une em si". As arcadas, por exemplo, onde o interior e o exterior se atravessam, ficam instaladas completamente no interior do edifício. Formam um exterior interno. Nenhum exterior pode perturbar a alma em seu retraimento na interioridade. Nenhuma luz solar pode também interferir seu recolhimento. De modo que esta "tem lugar ou resplandece apenas de modo enturvado pelos vitrais das janelas, necessárias para a separação completa com o exterior" (14.333). Um "outro dia" deve "dar luz como o dia da natureza exterior" (14.338). Não se deve esperar muita amabilidade de uma "casa *completamente fechada*". Ao "espírito" hegeliano não é inerente muita abertura. O poder significa encerramento e cerceamento. Amabilidade desinterioriza o espírito em uma casa *completamente aberta*.

Abertura e reclusão não são para Hegel duas formas diferentes da existência. Ao contrário, ele as põe em uma relação hierárquica.

À abertura é inerente uma carência. O espírito oriental, segundo Hegel, é infantil, pois ainda não se desenvolveu até a interioridade subjetiva. Está submerso na natureza. O templo budista, com seus átrios abertos, nos quais o interno e o externo se atravessam amistosamente, seria para Hegel uma expressão arquitetônica do espírito carente de interioridade. A "casa completamente fechada como forma fundamental" reflete a atitude fundamental do espírito hegeliano.

Devido à matéria pesada, a arquitetura não é apropriada para representar a interioridade subjetiva ou o espiritual. O caráter massivo da pedra sobrecarrega e sufoca, por assim dizer, a expressão da interioridade espiritual. Seu é-assim, sua inércia, não podem se combinar com a liberdade e espiritualidade do espírito. De modo que a arquitetura é a "arte incompleta". A escultura até é capaz de tornar o espiritual em seu objeto. Mas também ela está submetida ao peso da matéria. A distância da materialidade é interpretada como proximidade da espiritualidade e da interioridade subjetiva.

O aprofundamento da interioridade leva à redução do espaço exterior, pois esse se revela como um "meio de expressão da subjetividade do espírito não verdadeiramente conforme" (15.15) Devido ao seu indiferente "estar fora um do outro", ele repugna à interioridade do espírito. Em oposição à escultura, que se alastra como uma coisa-espaço, a pintura reduz o espaço à *superfície*. Respectivamente, a pintura tem mais interioridade do que a escultura. E a música se arrebata completamente da objetualidade espacial. A interioridade subjetiva que anima a música se exterioriza, com efeito, *temporalmente*. O espaço aqui é suprassumido em *pontualidade* do tempo: "Essa redenção não apenas de *uma* dimensão espacial, mas da espacialidade total em geral, esse retrair-se integral na subjetividade tanto do lado do interior quanto da exteriorização, consuma a segunda arte romântica – a *música*" (15.133). A melodia é a essência da música. O "*melódico* em expressão" é a "alma que soa, devendo se tornar para si mesma e se desfrutar em sua exteriorização" (15.196), a "alma do som que se libertou de sua agonia na matéria espacial" no "movimento espacial que aflui continuamente" (15.139). O espaço não é o elemento da alma. Hegel privaria a música de toda e qualquer espacialidade. A paisagem sonora, o espaço do som des-interiorizado, não pertence, para Hegel, à música. Ela não tem, justamente, alma, nem interioridade. A paisagem sonora sem interioridade subjetiva seria apenas um *ruído* que "causa sobretudo tédio".

O tempo até é um meio no qual se pode alojar mais interioridade. Mas o tempo exterior decorre e flui. É indeterminado e volátil em si. De modo que não se pode agarrá-lo, ele se evade do acesso. O compasso da música, contudo, "domina" esse "progresso desmesurado" (13.322) do tempo, na medida em que o submete a uma regularidade, a uma medida, uma repetição. É "algo feito puramente de sujeito" para dominação do tempo que progride *instável e sem parar*. A "violência mágica" que Hegel atribui ao compasso não é como aquela violência dionisíaca que faz o sujeito ficar fora de si. Ao contrário, captura o sujeito por isto, a saber, porque conserva na escuta a "certeza imediata de ter, nessa regulação do tempo, apenas algo subjetivo e até mesmo a base da igualdade pura com si que tem em si mesma o sujeito como igualdade e unidade consigo e com sua repetição em toda diferença e mais colorida variedade" (13.323). No compasso, o eu escuta a si mesmo. De modo que a satisfação que vem do compasso é um autodesfrute. O eu se embriaga, por assim dizer, de si: "a satisfação, contudo, que o eu obtém pelo compasso, nesse reencontro consigo mesmo, é completa quanto a unidade e uniformidade que não proporcionam nem o tempo nem os sons como tais, mas que é algo que pertence apenas ao eu e que ele mesmo mete no tempo para sua autossatisfação" (15.166). É enternecedor que o si mesmo se comove no outro. A violência mágica do compasso não consiste, portanto, no golpe do destino musical no qual o sujeito se perde. O compasso é, ao contrário, a "unidade que o sujeito mete no tempo", por força da qual o sujeito retorna a si mesmo no elemento do tempo como de um outro de si mesmo. Essa "violência mágica" é, ao fim e ao cabo, o *poder do sujeito* projetado para fora que "domina" o tempo. Ele converte o tempo exterior no tempo interior como repetição do si mesmo.

O princípio da interioridade e da subjetividade regula a hierarquia no interior das artes românticas. O "interrogar-se-a-si-mesmo" é constitutivo da música em geral. Esta apresenta um grau superior de interioridade do que a pintura. Na poesia, o espírito *se* está no próximo, pois ela é a "arte universal do espírito que se torna livre, não atado ao material sensível exterior para sua realização" (13.123). O som que ainda está atado a uma percepção sensível, se associa com a palavra que transporta um pensamento. Desse modo, a poesia tem mais liberdade do sensorial: "contudo, o que a poesia perde, então, na objetividade exterior, na medida em que sabe eliminar seu elemento sensível a que tem que conceder tanto quanto qualquer outra arte, ela recebe em sua objetividade interior as intuições e representações que a linguagem poética põe diante da consciência espiritual" (15.145). Seu elemento não é o exterior da percepção sensível, mas o interior da intuição espiritual: "pois, ao contrário dos outros materiais sensíveis, a pedra, a madeira, a cor e o som, somente a fala é o elemento digno da exposição do espírito [...]" (15.474). Hegel interpreta a relação da poesia com o sensível novamente pela lógica do poder: "no que, finalmente, diz respeito à *terceira* representação espiritual da forma de arte romântica, devemos procurá-la na *poesia*. Suas propriedades características residem no poder com o qual submete ao espírito e suas representações o elemento sensível do qual já a música e a pintura começaram a libertar a arte" (13.122). Nada exterior perturba o "se- -escutar do interior como interior" (15.224). O poder promete a felicidade do autodesfrute autoauditivo.

Pertence à essência do espírito que ele deva aparecer, se exteriorizar. De modo que a arte é uma de suas formas de aparição. O sensível, contudo, é, como já mencionado, um meio no qual o espírito não pode se manifestar comple-tamente, não pode manifestar completamente sua espiritualidade. Assim, o espírito tende a se livrar do sensível, mesmo que só apareça nele. No elemento sensível, o espírito não está completamente em si. Por isso, a arte não é a "forma suprema do espírito" (13.28). A poesia é uma forma de arte na qual o espírito pode estar o mais próximo possível de *si*, apesar de seu envolvimento no elemento sensível. Ela é a expressão daquele espírito "que só ocorre no espaço interior e no tempo interior das representações e percepções" (13.123). De modo que a arte transcende esse "nível supremo" para além de si, "na medida em que abandona o elemento sensível reconciliado do espírito e, passando pela poesia da representação, aflora na prosa do pensamento". Pensamentos são exteriorizações do espírito nos quais ele pode estar completamente em si mesmo. Não há nenhuma "alienação no sensível" inerente a toda forma de arte.

A poesia oriental, contudo, é inferior para Hegel, pois "o Oriente, segundo seu princípio geral, nem leva à autonomia e liberdade individuais do sujeito, nem àquela interiorização do conteúdo cuja infinidade constitui em si a profundidade do ânimo romântico" (15.462-15.463). Está atolada na natureza e se manifesta apenas "no estado e nas situações dessa unidade não separada, [da] aclimatação não reflexiva, pelo que o sujeito não se dá a conhecer em sua interioridade retraída em si, mas em seu ser-suprassumido diante dos objetos e situações". O sujeito, continua Hegel, "não manifesta as coisas e relações como se estivessem *nele*, mas *como* estivesse nas coisas nas quais frequentemente, então, há uma vida animada autonomamente para si".

Não permanecer derramado no mundo nem se perder no mundo, mas *se* derramar nele, inundá-lo com a própria interioridade, seria a forma fundamental da poesia romântica, do espírito. Nesse sentido, o haicai, por exemplo, aponta a um espírito submerso na natureza, a saber a um estado do espírito ao qual falta a subjetividade infinita. Na realidade, contudo, reside no fundamento do haicai inspirado pelo zen-budismo uma atitude de espírito que as categorias estéticas de Hegel não podem absolutamente descrever. A poesia-zen habita um vazio particular esvaziado de toda e qualquer reclusão substancial e subjetiva. Nele, não se trata também de dar às coisas uma "vida animada autônoma para si", pois desconhece qualquer "alma". As coisas também são *vazias*:

No perfume das flores de ameixa
O sol de súbito surge
Ah, o caminho da montanha!
(Bashô)[15].

O haicai não é "lírica" ou "poesia". A ausência de toda e qualquer interioridade subjetiva, contudo, não significa uma falta. Ao contrário, deixa as coisas brilharem *primeiro* em seu *ser-assim*. A interioridade faltante lhe dá uma amabilidade. Um poema-zen só tem êxito no momento do *olhar amável*, da demora inesperada nas coisas, *do enxergar nas coisas*, ou seja, naquele momento particular no qual o sujeito se esvazia, se ilumina, se preenche com a luz das coisas, com seu ser-assim[16]. Bashô diria: espírito não é interioridade, mas amabilidade.

Na arte romântica, a subjetividade se ensimesma cada vez mais em si mesma. O artista faz com que apenas sua interioridade apareça no objetivo. A pintura é, assim, apenas ainda um som da subjetividade na cor: "Desse modo, o interesse pelo objeto representado então se vira, porém, para o fato de ser a subjetividade nua do próprio artista que se tem a intenção de se mostrar e a qual não depende, por isso, da figura de uma obra pronta para si e que consiste de si mesma, mas de uma produção que o *sujeito* criador dá a ver apenas a si mesmo" (14.229). A "resolução da forma de arte romântica" dá início a um se tornar da interioridade subjetiva, do "ânimo" humano, totalmente livre do mundo objetivo, um total "regresso do ser humano em si mesmo, um descer ao seu próprio peito" (14.237). Não há mais também nenhum conteúdo divino que urge a ser representado no artista[17]. Este apenas ainda tem a si mesmo então diante dos olhos, só há a si mesmo para ver. Está voltado completamente à sua própria subjetividade livre. Não plaina qualquer "sagrado" diante dos olhos do sujeito artístico. Somente a si mesmo faz, então, virar conteúdo.

Na "arte moderna", o sujeito se torna autorreferente. Gira em torno de si mesmo. Com isso, a arte dispensa sua referência original à verdade, tornando-se independente em um "jogo ingênuo" do "ânimo que se move em si mesmo". O objeto se torna a sede, o lugar de jogo, de um "movimento *subjetivo*, espirituoso, da fantasia" (14.240). Também o estético "comprazimento puro nas coisas" (14.242) é autorreferente. É "puro", pois refere-se somente a si. Desfruta-se, compraz-se, curte-se nas coisas. Essa autorreferência já caracterizava a experiência estética em Kant. O desejo estético remonta, vale dizer, ao fato de que, face um objeto, o sujeito se sente, ou seja, sente o concerto, o jogo conjunto, harmônico de suas capacidades de ânimo. O sentimento estético não é aqui um sentimento do mundo ou do objeto, mas de si mesmo, não um sentimento da natureza, mas do espírito.

A "arte moderna" na condição de jogo não é mais uma aparência de abertura ou de verdade: "o espírito se trabalha apenas enquanto está nos objetos circundantes, enquanto ainda há algo oculto, não aberto. [...] O estar-atado em um teor particular e um tipo apropriado apenas a esse tipo de material da representação é para o artista atual algo passado e a arte, com isso, se tornou um instrumento livre [...]. O artista fica, com isso, sobre as formas e figuras determinadas e consagradas, movimentando-se livremente para si, independente do teor e do modo de intuição no qual normalmente o sagrado e o eterno ficava diante dos olhos na consciência" (14.234-14.235). Livre do vínculo, por assim dizer, em um teor determinado, o artista se vale do recurso histórico dos objetos e das formas de representação que se oferecem a ele como um material. Já em Hegel a "arte moderna" caracteriza, assim, um *sincretismo*, um *hibridismo*. A liberdade do artista consiste na liberdade de "escolha". E o espírito não "se trabalha" nos objetos "circundantes", mas se espraia neles, confortável, passeando. Jogo e humor cedem ao trabalho e à seriedade. O humor está baseado no poder da subjetividade. O sujeito interpenetra o mundo na medida em que busca "tudo que parece se fazer objetivo e que quer receber uma figura sólida da realidade ou ter um mundo exterior, desfaz-se em si e se resolve pelo poder das ideias, dos *insights* do pensamento, dos modos de entendimento" (14.229).

Na interpretação da arte de seu tempo, Hegel se mantém fiel ao princípio da interioridade subjetiva. E carrega a "arte moderna" com a ênfase do "*humanus*", do "novo sagrado" (14.237). Conteúdo e representação são, para Hegel, "a profundidade e a altura do ânimo humano enquanto tal, do humano em geral em sua alegria e sofrimento, suas aspirações atos e destinos". O artista é "quem efetivamente determina a si mesmo, quem observa a infinidade de seus sentimentos e situações, engendrando e expressando o espírito humano, aquele a quem não mais é estranho o que pode se tornar vivo no peito humano" (14.238). A "aparição e efetivação do eternamente humano no seu significado mais multifacetado e em sua infinita plasticidade" constitui o "conteúdo absoluto de nossa arte de hoje" (14.239). Devido à subjetividade independente, pode até ser que a "arte moderna" manifesta pouco de mundo e coisas. Mas ela é uma forma intensiva de automanifestação do ser humano, do "espírito-humano". De modo que a arte se eleva à "recriadora subjetiva" do mundo. Aproxima-se do modo de efetivação do pensamento: "se reproduz tal como espírito, pensando e conceituando o mundo em representações e pensamentos, assim, o principal se torna agora, independentemente dos próprios objetos, a recriação subjetiva da exterioridade no elemento sensível da cor e da iluminação. Essa é uma música objetiva, um som em cores" (14.228). Na "arte moderna", o sujeito humano manifesta sua divindade, na medida em que, por força de sua "historicidade", "manifesta a possibilidade de criar uma objetualidade" (14.229). Em sua forma moderna, a arte também permanece uma práxis de liberdade e poder. O sujeito se continua no mundo, na medida em que gera a partir dele uma objetualidade. No humor, no soberano "jogo com os objetos", o sujeito também se reproduz. Em toda parte, regressa para si mesmo.

Em sua interpretação da "arte moderna", Hegel chega, de fato, a fazer ocasionalmente novas observações. Mas elas são rapidamente inundadas por antigos modelos de explicação, como o espírito ou a subjetividade. A pintura de gênero holandesa, por exemplo, é descrita por Hegel primariamente a partir da ideia da "aparência desinteressada" (14.227). Desse modo, seus quadros não revelam nada dos objetos cotidianos. Os conteúdos representados, como pombos, flores, cervos, árvores e utensílios da vida cotidiana, cavalos, criados, guerreiros e camponeses, o ato de fumar, de jogar cartas e extrair dentes, não ocultam nada atrás de sua aparência. Estão já completamente manifestos, são acessíveis a uma intuição completa. A arte não é aqui um *trabalho pela verdade*. O teor estético dessas pinturas consiste, ao contrário, em livrar as coisas da vida cotidiana de sua relação com o fim e com o interesse e, por assim dizer, deixá-las aparecer de dentro para fora em seu *ser-assim*. Nesse sentido, Hegel fala da "aparência desinteressada": "da aparência, a aparência como tal, por assim dizer, é fixada para si, e a arte é mestre na representação de todos os segredos da aparência que se aprofunda em si das aparições exteriores. A arte consiste particularmente em vislumbrar, com um sentido fino, os traços completamente versáteis do mundo existente em sua vivacidade particular e, no entanto, concordante com as leis universais da aparência, retendo fiel e verdadeiramente o mais efêmero" (14.227). Essa observação, muito interessante em si, Hegel teria podido desenvolver, por exemplo, em uma *estética da aparência* que fizesse resplandecer explicitamente as simples coisas em sua efemeridade, em seu ser-a-cada-

-vez [*Jeweiligkeit*], em seu ser-assim. Ele tem, contudo, evidentemente outra coisa em mente. Assim fala ele do "triunfo da arte sobre a transitoriedade". Ela despoja as aparições efêmeras do transcorrer, na medida em que as conserva para a intuição. Não se trata, portanto, de fazer com que as coisas transitórias se tornem expressamente visíveis em sua transitoriedade e efemeridade. Hegel invoca novamente o "espírito": "O que é imediatamente exigido, contudo, no mesmo conteúdo, desde que a arte o ofereça a nós, é justamente produzir essa aparência e esse aparecimento dos objetos como se pelo *espírito* que converte o exterior e sensível de toda materialidade no mais interior. Pois, em vez da lã e seda existentes, em vez de cabelo, vidro, carne e metal efetivos, vemos meras cores, em vez das dimensões totais que necessita do natural para entrarem em aparecimento, uma mera superfície, e, todavia, temos a mesma vista que o efetivo dá" (13.214-13.215). A possibilidade de uma *estética da aparência* é suprimida, com isso, em uma forma banal de idealismo.

A arte não se desenvolveu do jeito como Hegel imaginou. A ênfase do "espírito", da "subjetividade" ou do "humano" não pertence ao aparecimento que marca a modernidade. O dada, por exemplo, é justamente um antônimo do "espírito". Nega, além disso, toda e qualquer ênfase no "humano". Inverte ao contrário o princípio do espírito: "Sim, permitam-me, dada é (e isso irrita a maioria das pessoas imensamente) até mesmo completamente contra qualquer espírito; dada é a ausência completa do que se chama de espírito. Para que ter espírito em um mundo mecânico? O que é o ser humano? Um assunto ora alegre, ora triste que é jogado e cantado pela sua produção, pelo seu meio social"[18].

O dada também não cultiva nenhuma interioridade subjetiva. Os dadaístas operam, ao contrário, com ruídos, acasos ou automatismos psicológicos que se negam à transparência conceitual: "a técnica da colagem é a exploração sistemática da coincidência artificialmente provocada ou pelo acaso de duas ou mais realidades estranhas quanto à essência em um nível aparentemente impróprio para tanto – e da fagulha de poesia que faísca pela aproximação dessas realidades"[19]. A colagem não deve sua efetividade poética à subjetividade lírica, que se expressa, mas à *proximidade do distante,* à *conexão do desconexo em si,* a um *E* que acontece de modo inopinado. Ela não nasce, portanto, da síntese ou da sincronia, da unidade orgânica, mas de uma participação particular, de uma empatia do distante ou do heterogêneo. Essa poesia da coincidência de "realidades estranhas quanto à essência" evade-se da poética hegeliana orientada à interioridade subjetiva e à mediação conceitual.

Contra o princípio do espírito, é a "natureza" que é evocada pelos dadaístas. Quanto à poesia automática, Hans Arp adverte, por exemplo: "o poeta canta, amaldiçoa, suspira, gagueja, canta à tirolesa, como lhe convém. Sua poesia se assemelha à natureza. Futilidades que as pessoas chamam de ninharias lhe são tão custosas como uma retórica sublime; pois, na natureza, uma partícula é tão bela e importante quanto uma estrela, e as pessoas se consideram no direito de determinar só o que é belo e o que é feio"[20]. A poesia não nasce do "espírito", mas "imediatamente do intestino ou outros órgãos do poeta". Os ruídos também são revalorizados em relação à voz. Eles têm, diz Arp, "uma existência superior em energia à voz humana". O dada é, assim, uma *práxis da amabilidade*, na medida em que põe em questão toda oposição rígida. Cada partícula na natureza é justamente "tão bela e importante como uma estrela". O dada dá atenção ao pequeno, ao insignificante, ao engano, ao adjacente.

Justamente na modernidade se tornou manifesto frequentemente um ceticismo diante da ênfase no "humano". John Cage nota o seguinte, em uma carta: "Vivemos num mundo em que não só humanos, mas as coisas também existem. Árvores, estrelas, água, tudo é expressivo"[21]. A estrela, para Hegel, é uma massa morta, inexpressiva. Seu eterno é-assim, causa, pois, apenas tédio. A água também é sem expressão, sem som, pois lhe esvai qualquer interioridade. Produz apenas ruído. Em sua imobilidade, a árvore não é capaz de redimir o espaço. Falta-lhe o tempo animal. Cage lembraria Hegel que o tédio do é-assim é justamente um produto do "espírito": "If something is boring after two minutes, try it for four. If still boring, try it for eight, sixteen, thirty-two, and so on. Eventually one discovers that it's not boring at all but very interesting"[22]. Apenas uma repetição compulsiva do eu torna o som um ruído perturbador. Onde o eu se faz de surdo, improvisadamente ruídos se tornam sons fascinantes. Em "Composition as process" [Composição como processo], Cage conta que nunca pode aguentar o som dos rádios. O trabalho em seu "Imaginary Landscape Number IV" [Paisagem imaginária n. 4] para 12 rádios o fez abrir os ouvidos, contudo, para o som do rádio, para seus *timbres*[23]. Apenas uma formação do ouvido para a amabilidade abre o ouvido ao *timbre do mundo*. Cage permite aflorar, no lugar da música da interioridade, uma música do é-assim, uma *música-mundo* em sentido particular, a qual, para Hegel, contudo, seria um ruído desalmado: "acreditei e esperei ter transmitido às outras pessoas o sentimento de que os ruídos dos seus meio-ambientes produzem uma música muito mais interessante do que a música que se ouve na sala de concerto"[24]. A música da interioridade converte a sala de concerto em um espaço de alma sem ruído, em uma "casa completamente fechada" da alma. A música do é-assim vem, em oposição, de um vazio, de um silêncio, que não é ocupado por nenhuma alma.

A operação do acaso por Cage é uma práxis da amabilidade. Em oposição à música da alma, ela cria uma música do "acontecimento"[25]. O acaso permite se preservar das repetições do eu. Não é de forma alguma um eu no qual tudo permanece em si: "O acaso é rigorosamente um salto, dar um salto para além do alcance do próprio amparo em si mesmo"[26]. Esse "salto", entretanto, não leva ao tombo. Leva o eu de volta ao mundo. Esse retorno-ao--mundo dá um outro amparo, um amparo fora do eu e do "humano": "The *Music of Changes* is an object more inhuman than human, since chance operations brought it into being"[27].

Com "Silence", Cage não designa a simples ausência de som, o vácuo acústico ou uma pausa gerida ou organizada entre os sons. Ao contrário, silêncio é uma sonoridade particular, uma sonoridade livre da coação da interioridade, uma sonoridade sem alma, sem anseio e paixão. De modo que pode haver um silêncio também em meio ao ruído. O "espírito" de

Hegel seria, contudo, incapaz de escutar esse silêncio do é-assim. "Silence" designa, ao fim e ao cabo, um silêncio particular do espírito. É uma outra expressão para a amabilidade que o ouvido converte em uma *hospedagem* para a sonoridade. O "silêncio" não discrimina, não excluí. A amabilidade da arte consiste no fato do sujeito humano se anular, se reter, e deixar vir à palavra especialmente as coisas, o mundo, no fato de que, em prol de um exterior, se desinterioriza, se esvazia de sua interioridade. A *anarquia do silêncio* ou a *anarquia do vazio* significa a amabilidade ilimitada pelo diverso e diferente, pelo pequeno e insignificante, pelo engano e pelo adjacente que cai para fora da "subjetividade sobrepujante" ou do traço ao um que seria o belo para Hegel, se abaixando em ausência ou nulidade. A amabilidade é parente desse "estado de vazio espiritual"[28] que não designa apatia, mas uma vigilância suprema, a saber, a sensibilidade por aquilo que na relação com a dominação é levado a desaparecer: "Eu simplesmente apenas deixo meus ouvidos abertos e meu espírito vazio, mas atento, nada mais"[29]. Esse "espírito" vazio, mas atento, é a *forma sem centro*. Sua amabilidade descansa, portanto, em não ser excludente e em não se fechar. É essa "estrutura" de vazio que se abre e sustenta um ao outro: "uma estrutura é como uma ponte que leva de lugar algum a algum lugar e que todos podem passar por ela: ruídos ou sons, milho ou trigo"[30].

A atividade suprema do *espírito* consistia, como Rilke formulou uma vez, em "criar situações amáveis, amistosas para Aquilo que por vezes possa demorar em nós"[31], ou seja, produzir um silêncio sem intenção ou desejo, ser mesmo uma *hospedagem*: "e qual é a finalidade de se compor? Uma é claramente não ter que se preocupar com finalidades ou utilidades, mas com sons. Ou a resposta deve assumir a forma de um paradoxo: uma inutilidade repleta de finalidades ou um jogo sem finalidade. Esse jogo, entretanto, não é uma afirmação da vida, nem uma tentativa de trazer ordem ao caos, menos ainda a tentativa de obter elevação ou engenhosidade, mas simplesmente um caminho que se abre à vida real que vivemos e que é tão esplêndido quando se renuncia das próprias opiniões e desejos e deixo tudo acontecer por si mesmo"[32]. Amabilidade é a hospitalidade às coisas e acontecimentos que vêm e vão. Apenas ela é capaz de perceber a beleza do ser-assim. O sim sem intenção ou desejo ao ser-assim, sem dúvida, é um antagonista ao poder que ao fim e ao cabo é uma autoafirmação.

No *Concert for Piano and Orchestra* [Concerto para piano e orquestra] (1957/1958), Cage encena uma conjunção sem coação do diverso: "nessa peça, tive a intenção de juntar diferenças extremas, como a gente encontra reunidos no mundo real, por exemplo em uma floresta ou numa rua ou na cidade"[33]. O concerto se torna uma coincidência dos mais distintos acontecimentos sonoros que não obstruem uns aos outros. O músico individual também não é mais um *elo* de uma tonalidade musical. Cada músico tem "seu próprio tempo"[34]. A orquestra não é uma unidade orgânica. De modo que cada voz da orquestra é um "solo" com singularidade incomparável e que se comunica, contudo, com as outras no *vazio como meio da amabilidade*[35]. A música de Cage do é-assim se abre somente ao amável, ao amigável que está livre de todo dever e querer.

A paisagem de Cézanne também é uma paisagem do *vazio* não ocupada pelo "humano", pelo eu. Em uma conversa, Cézanne comenta sobre a tarefa do pintor: "todo seu querer deve ficar em silêncio. Deve manter caladas em si todas as vozes das opiniões preconcebidas, esquecer, esquecer, fazer silêncio, ser um eco perfeito. Então toda a paisagem se reproduzirá em sua tela fotossensível"[36]. O instante da verdade é o no qual eu me torno um eco perfeito das coisas. O êxito do ver está no olhar amistoso e amável que é avistado pela paisagem. O teor de verdade da obra de arte não é um pensamento acessível a uma "interpretação", mas o "minuto do mundo" que "passa". É um momento no qual ocorre o *retorno-ao-mundo*. Todo o "peso" do mundo emboca na ponta do pincel: "[...] um peso faz entornar meu pincel"[37].

Além da escuta aguçada passiva, a arte pressupõe, de certo, a atividade de uma configuração. Ela, contudo, não é experimentada por Cézanne como abrangência ou dominação do material, mas como uma obediência. É um *fazer passivo*. Ouvir atentamente e obedecer, em alemão *aufhorchen* e *gehorchen*, determinam o acontecer da arte: "para conjurá-la [a paisagem] da tela, revelá-la de si mesma, deve-se ter ofício, mas um ofício reverente que também esteja disposto apenas a obedecer, a transmitir inconscientemente"[38]. O pintor deve, portanto, sobretudo conseguir ouvir. Ouvir configura e ordena. Transmite "inconscientemente" a estrutura harmônica escutada do mundo. O "gênio" é, portanto, um *gênio da escuta*. A configuração é algo completamente diferente da "habilidade" em Hegel, "na qual o sujeito criador se dá a ver apenas a si mesmo". O quadro ou a objetualidade que é produzida por essa "habilidade" não teria, para Cézanne, teor de verdade. A objetualidade sem verdade, o quadro que não contém o "minuto do mundo", o peso do mundo, seria apenas uma *retórica*: "imagino que a mesma coisa se passa com Deus: se um pouco de saber leva para longe dele, muito saber traz de volta a ele [...]. Sim, muito saber leva de volta à natureza. Da compreensão à insuficiência do mero ofício. [...] Sim, o ofício abstrato leva, por fim, ao ressecamento, sob sua retórica enroscada na qual se esgota"[39]. Pouco espírito leva os seres humanos para longe da natureza. Mais espírito os traz de volta à natureza. A amabilidade não significa menos espírito, mas mais. Seria, para Cézanne, o superlativo do espírito.

Cézanne está pensando evidentemente em uma proximidade particular entre espírito e natureza ou mundo. Ele invoca essa proximidade com expressões fora do comum. A paisagem é "o riso suspenso de uma inteligência aguda". A "ternura de nossa atmosfera" toca e comove a "ternura de nosso espírito". A cor é o lugar "onde nosso cérebro e o cosmos se encontram"[40]. Aqui, está em jogo um ser-um particular com a natureza que Hegel atribuiria a uma degradação do espírito. Expressões como "riso" ou "ternura" deslocam o espírito a um estado de espírito bem diferente. Mais espírito não significa menos natureza, mas mais natureza. O espírito de Cézanne deve sua profundidade não à interiorização, mas a uma desinteriorização. Em sua "ternura", se distingue fundamentalmente do espírito de Hegel, que é poder. O espírito "ri", quer dizer, se esvazia, abre sua interioridade, fica permeável ao mundo. Pela abertura, ganha em agudez. Ao espírito de Hegel falta justamente essa agudez profunda. O traço para si mesmo ou o traço ao um toma-lhe a distância. A experiência do se tornar um não descansa sobre a continuidade do si mesmo, mas na do *ser*. A amabilidade que subjaz a essa experiência particular da natureza é fundamentalmente moral em sentido particular. Ela fica *antes* da dicotomia entre "natureza" e "moral": "a força moral partilhada pelo mundo é talvez apenas a aspiração de se tornar sol de novo"[41]. Por isso, a amabilidade seria a moral do mundo *antes* da "moral". Mais moral não leva para longe, mas de volta à natureza.

Segundo Hegel, a obra de arte pertence ao "âmbito do pensamento conceitual", pois é o lugar "no qual o pensamento se exterioriza". De modo que o espírito se satisfaz, submetendo a obra de arte à observação científica, apenas a "necessidade de sua própria natureza": "pois uma vez que o pensamento é sua essência e conceito, está finalmente apenas satisfeito quando atravessou todos os produtos de sua atividade também com pensamentos e, assim, os tornou verdadeiramente em seus" (13.28). A observação científica da obra de arte produz expressamente o conceitual que *anima*. O pensamento revelado a partir da obra de arte é seu teor de verdade. De modo que a arte obtém "somente na ciência sua comprovação autêntica". Para Cézanne, contudo, a obra de arte não partilha nenhum "pensamento". O quadro aparta, desinterioriza o olhar em um mundo de cor e luz intensivas. A observação exitosa seria um tipo de iluminação que se eleva sobre o "pensamento conceitual": "Abra os olhos. [...] Não é verdade? [...] não se vê nada além de uma grande onda colorida, quê? Uma iridescência, cores, o reino das cores. É isso que um quadro nos deve dar primeiro, um calor harmônico, um abismo no qual o olhar mergulha, uma fermentação surda. Um estado de apartação colorida. Não é verdade que todas as cores correm em um pelo sangue? Sente-se refrescado. Nasce-se ao mundo verdadeiro. Viramos nós mesmos, viramos pintura. [...] Para amar um quadro deve-se primeiro ter bebido a grandes goles. Perder a consciência. Descer com o pintor às raízes entrelaçadas e obscuras das coisas, reascender com as cores, se abrir à luz com elas"[42]. A arte não é um *átrio do pensamento*, uma reprodução imperfeita ou só sensível de um pensamento. Não está à espera de uma elevação à "prosa do pensamento". É-lhe própria, ao contrário, uma forma *própria* de experiência.

Cézanne pinta uma paisagem do *vazio* que é vazia por isto: porque não se isola para si, não se distancia do outro, porque nada persevera em si, porque tudo é *passageiro*. Acontece um casamento em toda parte: "não, não, espere. Isso não está certo ainda. Não há harmonia do todo aí. Esse quadro ainda não é nada. Diga-me, qual é o aroma que sai daí? Qual o cheiro que vem, diga. Eu: o cheiro do pinheiro. Cézanne: diz isso porque dois grandes pinheiros repousam seus galhos no primeiro plano. [...] Mas isso não é uma percepção do rosto. [...] Além disso, todo o aroma azul, acre, dos pinheiros ao sol deve se casar com o aroma verde do prado, frescos como cada manhã, e com o cheiro das pedras, o aroma do mármore distante de *Sainte-Victoire*. Isso eu não reproduzi. Seria preciso reproduzi-lo"[43]. A amabilidade que afina a paisagem de Cézanne desperta de uma consonância particular das coisas: "veja [...] essa roupa, essa mulher, essa criatura diante dessa toalha de mesa, onde começa seu sorriso nas sombras, onde roça a luz, onde ela bebe, inala essas sombras. Não se sabe. Todos os tons se atravessam, todas as formas se entrelaçam cruzando umas às outras. Aqui é a conexão. [...] Não nego que às vezes, na natureza, exista esse efeito intenso de luz e sombra no risco nítido, mas isso não é interessante"[44]. Delimitações e separações nítidas, contornos veementes, são apenas fenômenos da superfície. Nas camadas profundas do ser, há um desconfinamento amável e amistoso. As coisas se atravessam, se aconchegam umas às outras, emanam umas das outras, pelo que não perdem seu caráter único. O objeto da pintura é a coisa a cada vez em seu caráter inigualável: "Os pintores falsos não veem essa árvore, teu rosto, esse cão, mas a árvore, o rosto, o cão. Não veem nada. Nada é jamais o mesmo"[45]. Cage também tem esse olhar amável e amistoso, atencioso ao caráter único da coisa a cada vez: "acredito que se pode constatar uma inclinação em Mozart à diversidade. Essa propensão me interessa muito mais do que a tendência à unidade. Esta não chega muito próxima à natureza. Ao observar uma árvore, uma árvore singular e, a seguir, observo as folhas, todas irão por certo indicar uma estrutura parecida. Se as observar ainda mais de perto, constato que nenhuma folha é completamente igual à outra. Começo a perceber as diferenças e me alegro de algo novo a cada vez que olho a árvore, pois tudo que vejo é novo para mim"[46].

Apesar do caráter único da coisa a cada vez, este não fica isolado para si. Reflete as outras coisas em si. O *vazio*, o *silêncio*, intermedia, concilia e casa. O mundo é um reflexo recíproco das coisas. O mundo consiste de reflexos de cores, sons e cheiros: "as frutas [...] chegam até você em todo seu cheiro, contam-lhe dos campos que abandonaram, da chuva que as nutriu, das auroras que divisaram. [...] Por que partimos o mundo? É nosso egoísmo que se reflete? Queremos fazer uso de tudo"[47]. Cada "minuto do mundo" é um instante no qual as coisas comunicam-se umas com as outras em uma amabilidade amigável e ilimitada. A "harmonia completa", na qual as coisas se atravessam, forma uma continuidade do *ser*. O poder, ao contrário, produz uma continuidade de si mesmo. O mundo de Cézanne é desinteriorizado até uma consonância harmônica das coisas. Não é *animado* por qualquer interioridade subjetiva. É *vazio*. A amabilidade amigável do mundo se deve a esse vazio.

Segundo Hegel, a arte, "na medida em que deve trazer à intuição o espiritual de um modo sensível", tem que se dirigir à "humanização", pois o espírito só pode aparecer sensivelmente na figura humana, no corpo humano "de modo suficiente" (13.110). A vivacidade em geral também tem, necessariamente, que se dirigir, em seu desenvolvimento, à figura do ser humano. Para Cézanne ou para Cage, ao contrário, a arte tem que partir rumo à amabilidade amigável que consiste justamente no *se* retirar do ser humano, de modo que o mundo possa desabrochar em seu ser-assim livre.

Em um ensaio sobre Cézanne, Merleau-Ponty escreve: "vivemos em um mundo criado pelo ser humano, entre objetos de uso, em casas, na rua, em cidades – e, na maior parte do tempo, vemos todas essas coisas apenas sob o ângulo das atividades humanas que podem ser realizadas na, com ou sobre essas coisas. Estamos habituados ao pensamento de que tudo isso existe necessariamente e é inabalável. A pintura de Cézanne rompe com esse hábito e desvela o chão de uma natureza inumana na qual o ser humano se instala. Por isso, seus personagens parecem tão estranhos, como se observássemos uma criatura de outro mundo. [...] É um mundo sem confidencialidade, no qual se sente incomodado, e que se opõe a todas as manifestações de sentimento humanas"[48]. Seus quadros despertam, assim, a "impressão de uma natureza em estado bruto"[49]. Imerso em um vazio particular, dão pouco a pensar ao ser humano. Não reproduzem qualquer sentimento. Os sentimentos humanos são digestivos. Não avistam as coisas em seu ser-assim. Os primeiros quadros de Cézanne ainda são "sonhos pintados". Aqui, sentimentos são projetados para fora. E também querem despertar sentimentos. Reproduzem mais "a fisiognomia moral do acontecer como seu aspecto visível". Seus quadros posteriores são, em oposição, "um estudo preciso dos fenômenos, um trabalho não mais no ateliê, mas na natureza"[50]. Não surgiram no ateliê, na casa completamente fechada da alma. Esvaziada a alma, é levada por eles ao aberto. De modo que se opõem a toda e qualquer manifestação humana de sentimento.

A paisagem do vazio, de Cézanne, é apenas à primeira vista um deserto, um mundo sem confidencialidade. Na segunda vista, contudo, (e Merleau-Ponty é evidentemente incapaz de dar esse segundo olhar), reluz em uma amabilidade amigável e calor particulares. Handke escreve sobre a paisagem de Cézanne: "Cézanne cria quase sempre o tempo áureo – o casamento – principalmente: a árvore vira chuva, o vento vira pedra, uma coisa aspira pela outra: o riso na paisagem da terra"[51]. A paisagem "ri", pois as coisas se tornam, se esvaziam e se desinteriorizam, permeáveis umas pelas outras, jogam umas com as outras e se refletem umas às outras: "esses copos, esses pratos, eles estão conversando, trocam confidências sem parar"[52]. Pintar não significa outra coisa do que "dar à luz, em pleno ar, à amabilidade amigável de todas essas coisas"[53]. O pintor escuta o murmúrio amável e amistoso das coisas, pois ele ouve para fora de si. Tem o olhar amável e amigável, sem intenção ou desejo, que, por isso mesmo, possibilita ver os gestos das coisas.

O não-humano da paisagem de Cézanne é, segundo Merleau-Ponty, o motivo para o curioso relaxamento que surge quando se volta a observação a quadros de outros pintores: "Se a gente observar por um pouco mais de tempo os quadros de Cézanne, e passa a dedicar a atenção a outros pintores, surge imediatamente um relaxamento, como num enterro, assim que a conversa se reestabelece, cobrindo o absolutamente novo da morte e permitindo aos viventes se reassegurar de si mesmos"[54]. Pela paisagem de Cézanne sopra o "absolutamente novo da morte". Pintar se chama para Cézanne *se* dar à morte. Ele expressa isso de modo budista: "Ah! Nunca se pintou a paisagem. As pessoas não devem estar nela, mas entrar completamente nas paisagens. A grande descoberta budista, o nirvana, o conforto sem paixões, sem anedotas, as cores!"[55]. "Nirvana" se chama esvaziar-se rumo à paisagem, ser mesmo *todo cor*, e Cage diria: ser todo *silêncio*. É um *despertar* ao ser-assim do mundo. Pintar não é projetar, mas uma reprodução do ser-assim. O pintor se exercita no olhar amável e amistoso, na ação amável: "No fundo, não penso em nada quando estou pintando. Vejo as cores. Me esforço, me dá alegria trazê-las à minha tela tal como as vejo. Elas se organizam ao léu, como *elas* quiserem. Às vezes há um quadro. Sou um animal. Seria muito feliz se pudesse ser um animal [...]"[56].

A fisiologia do poder

> *Comendo lentamente, ele ficou melhor, como se sentisse melancolia e tristeza quanto ao destino do que comia.*
> Elias Canetti

A vida não é, para Hegel, um jubilo alegre no outro, um despreocupado desfrutar das coisas. Mas também não é que ele faça com que ela pareça uma luta amarga e desesperadora contra a resistência do não-eu. Já o apetite anuncia que o objeto exterior não é tão estranho ao sujeito, mas lhe é "*conforme*", que já "contém a *possibilidade* de satisfação da cobiça" (10.217). O *apetitoso* seria, para Hegel, um sinal infalível de uma proximidade e continuidade existentes entre o eu e o outro. Sua crença firme na digestibilidade do não-eu o distingue certamente de Fichte. Seu comentário sobre Fichte era: "em *Fichte* domina sempre a necessidade, como se o *eu* devesse estar farto do *não-eu*. Não se chega aqui a uma unidade *verdadeira* desses dois lados [...]" (10.203).

Da "árvore da vida" não "caíam frutos mastigados e digeridos por si mesmos" (2.128). Mas a existência humana não é dominada pela necessidade e pelo sofrimento. Só segundo a aparência exterior a existência seria trabalho e esforço. Não há o *totalmente outro*, cuja oposição seria impossível quebrar. O estar-no--mundo não é primariamente luta. O "nojo indeterminado, infundado, à vida" é estimulado apenas porque a existência se fecha demais ao mundo. Hegel o atribui ao "estar-obstinado na particularidade subjetiva" (10.175). Apenas o si mesmo abstrato e obstinado em si vomita face ao mundo[57].

Em oposição a Fichte, Hegel tem, portanto, confiança no mundo. O não-eu aparece apenas em uma percepção *finita* como recalcitrante. Em um estágio superior da reflexão, a resistência do real se desvela como uma aparência. O particular em sua confiança no mundo é que coincide totalmente com a auto-confiança, com a posse de si mesmo. Baseia-se na convicção de que o não-eu é *conforme* ao eu. Essa crença na continuidade do *si mesmo* nutre sua confiança no mundo. No entanto, toma do espírito a amabilidade amigável. O apetitoso não é mesmo, como se sabe, uma expressão da amabilidade amigável.

Uma sensação de culpa perante o comido não surge em Hegel, pois o consumo do outro não é uma destruição cega do outro, mas o pôr de uma outra identidade que é em si com o objeto. Hegel indicaria que uma outridade total do não-eu em geral não desperta desejo, não excitaria, nem interessaria ao eu. O sujeito desejante vê no objeto "algo pertencente à sua própria essência e, contudo, que lhe falta" (10.217). Essa contradição é suprassumida, "na medida em que se apodera do objeto autônomo e, por assim dizer, apenas simulado, pelo seu consumo se satisfaz e, uma vez que é um fim em si mesmo, se conserva nesse processo". Hegel atribui também aos dentes e às patas um outro significado: "O orgânico desejado que se sabe na condição de unidade de si e do objetual, e, desse modo, percebe a existência do outro, é a figura voltada para fora, armada, de cujos ossos foram feitos dentes e de cuja pele, patas" (9.479). Apenas segundo a aparência exterior é que dentes e patas são armas que servem para subjugar e destruir o outro. Na realidade, são um instrumento de unificação que produz a unidade que é em si com o objeto.

O desejo ou pulsão desperta da contradição na qual se confronta a autoconsciência face ao outro. À autoconsciência, o outro aparece como algo que lhe pertence *em si*, mas que lhe falta. A contradição é suprassumida pela assimilação, interiorização, do outro. O consumo "põe" explicitamente a identidade que é *em si* do sujeito e do objeto, suprassumindo a "unilateralidade da subjetividade e a autonomia aparente do objeto". A satisfação não surge da destruição do outro, mas da produção da continuidade, ou seja, da suprassunção da separação de sujeito e objeto. De modo que o consumo parece apenas a uma percepção *finita* como destruição das coisas. Na realidade, ele só as faz "aquilo que elas são em si". Ele as faria partilhar em um ser mais elevado, a saber, no "conceito", ao qual não conseguiriam se elevar por si, mas que o são *em si*. Comer e beber é "o compreender inconsciente" (9.485) das coisas. A primeira forma de compreensão seria, portanto, o consumo, ou seja, o prender com as mãos e o compreender com o polegar. No consumo, não ocorre injustiça, portanto, com o objeto. Apenas se passa com ele o que já lhe é inerente.

Essa teoria da alimentação pode ser encontrada também na *Fenomenologia do Espírito*. Hegel faz ali os animais tomarem parte no mistério da alimentação: "Os animais também não estão excluídos dessa sabedoria, mas se revelam, ao contrário, estarem nela versados do modo mais profundo; pois não ficam parados diante das coisas sensíveis como se fossem seres em si, mas exasperando-se nessa realidade e na sabedoria completa de sua nulidade, servem-se deles sem mais, devorando-os, e toda a natureza celebra como esse evidente mistério que ensina qual é a verdade das coisas sensíveis" (3.91). O consumo das coisas é, portanto, um tipo de redenção, pois conduz de sua separação sensível, fazendo com que participem em um ser superior, em sua "verdade". Os animais sábios de Hegel compreendem as coisas sem conceito, na medida em que as consomem.

As "fezes" seriam, escreve Canetti em *Massa e poder*, "carregadas com todas as nossas culpas de sangue". Nelas, pode-se reconhecer "o que nós matamos". Seriam "a soma comprimida de todos os indícios contra nós". Como "nossos pegados diários, continuados, como nossos pecados nunca interrompidos", "fedem" e "berram" "aos céus". De modo que a gente se envergonha delas. São "o selo imemorial do processo de poder da digestão" que se passa "no oculto" e "sem essa vitória *permanece* oculto"[58]. Hegel lembraria Canetti que sua sensação de culpa emana de uma percepção finita, limitada, que o consumo é mesmo coisa completamente distinta do assassinato e da destruição. Na teoria de Hegel do consumo, não falta também fantasia especulativa. Entretanto, é diametralmente oposta do ponto de vista canettiano. De modo que, para Hegel, os excrementos remetem não à culpa, mas à ignorância. A "luta com o externo" que o organismo disputa durante o processo de digestão é, num estágio de reflexão superior, um "erro". Da ignorância da identidade que existe em si, o organismo ataca a "coisa externa", na medida em que, "em cólera" contra este, envia-lhe sua bile. Em seguida, conceitua, contudo, seu "erro" e se distancia dele, na medida em que elimina sua bile que ele produzira em excesso na "luta do objeto": "Na medida em que o organismo se separa assim de si, tem asco de si mesmo, pelo fato de não ter mais confiança em si; isso é o que ele faz ao enviar sua bile nessa luta, põe-se fora de si. Os excrementos não são outra coisa, portanto, do que o fato de que o organismo, reconhecendo seu erro, descarta seu envolvimento com as coisas exteriores; e a constituição química dos excrementos constata isso. [...] Os componentes principais das fezes são [...] substâncias que emanam do suco gástrico, sobretudo da bile" (9.492).

A relação sexual também é digestiva. Anseia-se uma unificação com o outro. Os indivíduos unem-se, para realizar o "conceito" que é *em si*, ou seja, a "espécie". De fato, as metáforas e os gestos digestivos remetem ao parentesco entre sexualidade e digestão. Na relação sexual, o consumo acontece de modo somente simbólico. E desenvolve traços *autodigestivos*. Em amor ao outro, a gente *se consome*. Os amantes *consomem-se* um para o outro. Hegel diria: os amantes *se consomem* pelo "conceito" que não poderiam alcançar, contudo, estando separados.

Vista pela lógica do poder, a assimilação é a "efetivação *imediata* da vida, na condição do *poder* sobre seu objeto inorgânico" (9.481). O poder capacita o vivente a levar "o inorgânico gradualmente à identidade consigo" (9.485). A apropriação não significa, no entanto, submissão ou destruição do outro *violenta*: "na medida em que [...] o objeto é aniquilado pela autoconsciência desejante, pode parecer estar completamente sujeito a uma violência estranha. Isso é, no entanto, apenas uma aparência" (10.217). Apenas aparentemente o objeto é destruído pela violência que lhe é externa. Na realidade, contudo, segue "sua *própria* natureza, seu *conceito*". Deve ser destruído, "uma vez que em sua não corresponde em sua *singulari-*

dade à *universalidade* de seu conceito". Não é uma violência estranha, mas o "poder de si próprio, o conceito que deve lhe parecer apenas internamente e justamente por isso pode vir *apenas externamente* a ele", que o leva à destruição, ao *fundamento*. O poder lhe é "apenas interno", pois não é explicitamente consciente dele. Da ignorância de seu próprio *fundamento*, se relaciona com ele como algo externo. De modo que o sofre primariamente como violência.

O poder se revela como poder de unificação que supera a "unilateralidade da subjetividade e a autonomia aparente do objeto" (10.217). Ele põe a continuidade existente *em si* entre o sujeito e o objeto. Distingue-se, ao fazer isso, da violência, já que está efetiva e concomitantemente no próprio objeto. A violência é algo apenas externo ao objeto e o invade e destrói. O poder, ao contrário, essa é a tese fundamental de Hegel, não destrói. Opera, ao contrário, unindo. O poder *pode* se associar com a violência. Mas não *consiste* nela.

O espírito teórico também segue o princípio digestivo. Como na digestão que se apropria das coisas como um "conceituar inconsciente", o espírito conceitual as afunda em sua interioridade. Assim fala Hegel da "inteligência que digere o mundo"[59]. Idealidade é digestibilidade: "Essa suprassunção pertencente ao conceito do espírito da exterioridade é aquilo que chamamos de *idealidade* dele mesmo. Todas as atividades do espírito não são outra coisa do que modos diversos de retornar do exterior à interioridade que é o próprio espírito, e é apenas por esse retorno, por essa idealização ou assimilação do exterior, que se torna e é espírito" (10.21). No pensamento, o espírito alcança a interioridade mais profunda. No pensamento, vou em direção ao outro. Mas, ao fazer isso, vou completamente comigo. No pensado, estou completamente em mim. A passagem ao outro é aqui a passagem em meu próprio interior. Não há *mudança de elemento*, pois a "razão" de Hegel é o elemento comum ao meu pensamento e de meu outro, o mundo exterior: "Ou seja: [...] a unidade do pensamento com o outro é existente *em si*, pois a razão é a base substancial tanto da consciência, como também do exterior e natural" (12.521). Pensando, me movimento ao outro como meu próprio elemento. De modo que permaneço, ao estar fora, no outro, dentro, comigo. Essa interioridade profunda permite uma liberdade ilimitada. Hegel acrescentaria aqui ainda que a interiorização pensante do mundo não viola a este, que o mundo, na realidade, se interioriza a si mesmo, que ele, afinal, *digere a si mesmo*. O espírito não seria outra coisa do que esse poder autodigestivo. De modo que o mundo desenvolve, em virtude de seu próprio poder inerente do espírito, dentes, vísceras, olhos, representações, imagens e conceitos com os quais se digere e interioriza. O poder autodigestivo do espírito tem formas diversas de aparição. Nos níveis mais baixos, é carente de mediação. De modo que o consumo aniquila as coisas, em oposição ao pensamento que as deixa ficar em sua digestão entendida como compreensão.

Quando o espírito converte o exterior em seu espaço interno, se aprofunda, cresce em interioridade. Onde a profundeza da interioridade alcança a amplidão do mundo, onde o mundo se torna espaço interno ou de ressonância do espírito, ele está completamente consigo, ou seja, está livre e é infinito. Essa interioridade profunda, essa intimidade do espírito[60], na qual este experimenta o mundo como sendo "seu", esse recolhimento absoluto no qual nenhum exterior perturba o espírito é um fenômeno do poder. Na interiorização, o mundo, contudo, não é mergulhado unilateralmente em um mero espaço "subjetivo". Ao contrário, ocorre o seguinte: o mundo interioriza-se a si mesmo em um *espaço interno de mundo*. O "si mesmo mais interno" do espírito coincide com o mais externo do mundo. A interiorização do mundo não é, segundo a teoria de Hegel, violação, pois o espaço interno de mundo é seu espaço *próprio*. Nele, as coisas são, por assim dizer, *bem suprassumidas*. O mundo não é tornado submisso. Ao contrário, ele se submete ao espírito por *livre* e espontânea vontade. O traço fundamental do poder não é o traço *contra* o outro, o que seria uma violência, mas o traço a si que *arrebata* o outro.

A violência separa e isola. O poder, ao contrário, unifica. A violência produz quebras. O poder cria um *continuum*. A continuidade que pode ser produzida pelo poder, contudo, é um campo interior orgânico, um interior. Aqui, relaciono-me com o outro como se comigo mesmo. Essa continuidade do si mesmo é constitutiva para a liberdade. Sou livre ali, onde, no outro, permaneço em mim, me desfruto, onde a referência ao outro se revela como referência a si mesmo, como desfrute de si mesmo. O desejo de poder consiste, ao fim e ao cabo, em que ele converta a relação ao estranho em relação a si mesmo, em que ele deixe crescer o espaço do si mesmo, fazendo coincidir o si mesmo com o mundo. A onipresença do si mesmo distingue a felicidade que emana do poder. O desfrute de si mesmo é um desfrute absoluto, livre de toda dependência ao outro. Deus é um sinônimo desse desfrute absoluto: "deus não pode se satisfazer através de outra coisa, mas apenas *através de si mesmo*" (17.295). O espírito absoluto é também, nesse sentido, autodigestivo, já que, por assim dizer, não depende do fato de ser alimentado por uma abertura ao exterior. Não se forma também nenhum excremento inerente ao envolvimento no outro, no exterior.

Hegel é animado por uma confiança particular no mundo, pela "confiança de que ele [o espírito] irá encontrar a si mesmo no mundo, de que este deve lhe ser amigável", "como Adão e Eva diz, são carne de sua carne" (10.230). Do "espírito" também é a fala de Adão: "O espírito diz ao mundo: tu és razão de minha razão"[61]. O espírito se certifica de não ter diante de si "nada estranho, que lhe seja impenetrável", "de que não encontre ali nada além de sua razão, de que *seu* conteúdo é o objeto". Somente nessa crença, nessa "confiança", o espírito é livre. É livre na medida em que desfruta de si mesmo através do outro.

O espírito teórico trabalha em uma digestão ideal do objeto. Se o objeto aparece, então, na forma de um outro eu, então surgiria uma nova situação, mais complexa. A autoconsciência não tem agora um mero objeto diante dela, que simplesmente poderia ser consumido, assimilado ou compreendido. Ao contrário, se opõe dois sujeitos, ou seja, dois centros digestivos um diante e próximo ao outro. Cada um procura se continuar no outro. Essa constelação leva a uma "luta, pois eu não posso me saber no outro como a mim mesmo" (10.219). Ocorre uma luta pelo poder. Quem ganhar a luta se continua no outro. O poderoso, ou seja, o "senhor", relaciona-se com o outro como "seu". É no escravo em si mesmo, ou seja, livre, na medida em que o escravo realiza a vontade do senhor. A fórmula da liberdade e do poder é a "identidade minha com a do outro". Hegel, então, chama atenção para o fato de que, na constelação do senhor e do escravo, a continuidade é realizada "apenas de modo *unilateral*" (10.223), de que a liberdade do senhor, por esse motivo, não é "liberdade *verdadeira*": "[...] assim, sou verdadeiramente livre só quando o outro também é livre e é reconhecido como livre por mim" (10.220).

Sou de fato "verdadeiramente livre só quando o outro também é livre e é reconhecido como livre por mim"? O senhor fica mais livre ao libertar o escravo? A liberdade *formal* que Hegel claramente tem em mente não aumenta minha liberdade de fato ou *factualmente*. Ao contrário, a liberdade do outro limita minha liberdade. Onde minha vontade se depara no "não" do outro, minha liberdade acaba. Ou seja, em face do "não" sempre possível, não posso me continuar sem mais no outro. Em contrapartida, nenhum escravo é absolutamente não-livre. Ele tem, mesmo quando agrilhoado, sempre a possibilidade de dizer "não", de preferir a morte ao "sim". Se ele disser "sim", porém, por medo da morte, então esta é, além disso, *sua* decisão. Ele *se decidiu* justamente pela escravidão. O senhor perde o poder, contudo, quando o escravo lhe nega essa obediência. Nisso, é insignificante se está agrilhoado ou se tem a possibilidade de fugir. Apenas o "sim" do escravo fundamenta o poder do senhor. O poder pressupõe, portanto, *já* uma liberdade do outro. Com as coisas passivas que não são capazes de dizer "sim", também não é possível estabelecer nenhuma relação de poder.

Do ponto de vista da liberdade *formal* do outro, desenvolve-se um espaço complexo e estratégico, no qual se deve lutar a cada vez por poder e liberdade. *Apenas* o reconhecimento do outro como um indivíduo livre não me faz mais livre. Ao contrário, faz com que *só então* comece todo o drama da liberdade. Mais poder concede, assim, mais liberdade. O poder me habilita a estar no outro ilimitadamente em mim mesmo, ou seja, ser livre. Mais poder aprofunda a continuidade do si mesmo. Onde o outro segue minha vontade por *livre* e espontânea vontade, ou seja, faz da minha vontade o conteúdo de seu agir, meu poder é o maior. Seu "sim" não seria, assim, o de um escravo sem liberdade, mas o de uma pessoa livre. Esta segue livremente, ou seja, sem qualquer coação, a *minha* vontade, embora outras possibilidades de ação também lhe estivessem disponíveis. Toma desde si a escolha que é a *minha* escolha. Minha vontade se tornou *sua* vontade. Não é o reconhecimento *formal* do outro como um indivíduo livre que me faz *verdadeiramente livre*, mas antes a submissão *livre* do outro.

Na dialética do senhor e do escravo, Hegel primariamente não trata do reconhecimento intersubjetivo enquanto tal. Ela descreve, ao contrário, o caminho de formação no qual o indivíduo renúncia de seu isolamento egoísta, de sua "naturalidade", em prol do universal: "[...] o indivíduo, de sua parte, se faz merecedor desse reconhecimento na medida em que, superando a naturalidade de sua autoconsciência, obedece a um *universal*, à *vontade que é livre em si e para si*, à *lei* [...]" (10.221-10.222). A superação da "individualidade egoísta" habilita o indivíduo também à "coragem, caso esta seja um empenho da vida na coisa universal" (10.227). Na medida em que o escravo trabalha *para o outro*, eleva-se sobre a "individualidade egoísta de sua vontade natural". Incorpora em sua autoconsciência a dimensão do outro, ou seja, de um *para-o-outro*. A obediência escrava é, portanto, apenas o primeiro passo no caminho de formação ao universal, pois a vontade do senhor a quem serve é ela mesma uma "vontade individual, contingente" (10.225). O escravo excede esta também na direção da "vontade verdadeiramente *universal, racional*" (do Estado ou da lei), à qual deve servir. O eu se suprassume, então, em um *nós*. O *nós* se orienta ao fim comum, à vontade universal. O olhar ao universal antecede, assim, o olhar às outras pessoas. Os indivíduos singulares não se olham uns aos outros. O outro não tem rosto, nem deveria, aliás, ter. O rosto seria a expressão de uma existência obstinada em sua particularidade. Seria sem "espírito". O espírito é "*eu* que é *nós*, e *nós* que é *eu*" (3.145). A relação com o outro fica na luz do conceito universal que *se* realiza[62]. A relação horizontal de reconhecimento é *invertida* em uma relação vertical do indivíduo com o universal. A relação interpessoal é, ao fim e ao cabo, a relação do universal consigo mesmo que se continua pela individualização, ou seja, da autorrelação do "conceito" universal, que "se conserva em suas particularidades, sobrepujando-se sobre si e seu outro e, assim, suprassume nova e igualmente a alienação da qual parte, que é poder e atividade" (13.28). A intersubjetividade é suprassumida em subjetividade sobrepujante que, por isso, é poder, pois se empodera dos indivíduos singulares. Ela *rasga* [*reisst*] o indivíduo em universal. O poder não é, contudo, violência, na medida em que, ao mesmo tempo, os *entusiasma* ou *arrebata* [*mit- oder hinreisst*]. Ele não exclui o júbilo, o júbilo *universal*.

A dialética do senhor e do escravo começa, como se sabe, com uma cena arcaica de dano. Uma pessoa topa com outra. Cada um tenta *se* pôr de modo absoluto: "*devem, assim, lesar um ao outro*; porque cada um se põe na singularidade de sua existência como totalidade excludente, isso efetivamente deve acontecer; o dano é necessário [...]"[63]. É impossível aqui uma *palavra amável, amistosa, gentil*. A relação de poder entre senhor e escravo se estabelece, e *mesmo se* esta for subsumida em "nós", em uma relação de reconhecimento livre, não haveria espaço no qual fosse possível uma palavra amável, amistosa. O provérbio da identidade "tu és carne de minha carne" pode ser um provérbio de amor ou de amizade. Mas também não é uma palavra de amabilidade. A amabilidade não consiste na proximidade e identidade digestivas. É, ao contrário, uma *proximidade da distância*.

A fórmula de Hegel da liberdade é a "minha identidade com a do outro". Sou livre, pois retorno a mim mesmo no outro, pois permaneço em mim no outro. O retorno-a-si unilateral é a liberdade suprema. A relação de reconhecimento também é, em Hegel, concebida como uma relação de identidade. Assim, "relaciono-me, na medida em que me relaciono com o *outro*, imediatamente *comigo mesmo*"

(10.227). O espírito é o "retorno infinito em si, a subjetividade infinita" (17.305). A ideia do retorno-a-si se intensifica, em Hegel, até virar uma obsessão. Domina, também, sua teoria do amor. A fortuna do amor consiste em estar no outro em si mesmo. Já o jovem Hegel escrevia: "é possível ocorrer o amor apenas mediante o igual, o jogo, o eco de nossa essência" (1.243).

O amor implica para Hegel, é certo, uma tarefa do si mesmo. O despertar ao outro não é, contudo, seu traço fundamental. A ênfase da possessão de si domina, além disso, a relação com o outro: "a verdadeira essência do amor consiste em renunciar à autoconsciência de si mesmo, se esquecer em um outro si mesmo, e, no entanto, se ter e se possuir antes a si mesmo nesse transcurso e esquecimento" (14.144). O amor faz com que a renúncia de si mesmo vire o desfrute de si, a possessão de si. A infinidade do amor não significa qualquer entrega infinita ao outro. Implica, ao contrário, que o si mesmo "se desfruta a si mesmo" pela renúncia de si, que o caminho ao outro seja dobrado, voltando ao si mesmo: "esse estar-perdido de sua consciência no outro, essa aparência de abnegação e altruísmo, pelo qual só então o sujeito se reencontra e se torna si mesmo, esse esquecimento de si, de modo que o amante não existe para si, não vive nem cuida para si, mas encontra as raízes de sua existência em um outro e, no entanto, nesse outro justamente se desfruta totalmente a si mesmo, distingue a infinidade do amor [...]" (14.183). O amor infinito não é a linha infinita que segue do outro ao aberto, mas um retorno circular a si. Eu saio de mim em direção ao outro, mas eu chego [*ankommen*] a mim no outro. Fortunada é essa *chegada* [*Ankunft*]. O amor não é *o que chega, futuro* [*Zukunft*] infinito. O amante orbita, por meio do outro, a si mesmo. O sujeito mal "sacrificou" no amor "o ponto frágil de sua propriedade", uma vez que retorna a si mesmo na "felicidade de se sentir [...] independente e em unidade consigo" (15.43). O outro amado é, ao fim e ao cabo, um campo de ressonância, no qual o sujeito que ama se refortalece e se acolhe.

Hegel fala de modo obsessivo do desfrute de si. O amor religioso também é dominado por este tipo de desfrute. O amante se desfruta no amado: "a alma *se* quer, mas ela se quer em um outro, ao ser ela mesma em sua particularidade, se renuncia, por isso, diante de deus, para encontrar e desfrutar nele a si mesma" (15.41). Ao mesmo tempo, Hegel nota, porém: "esse é o caráter do *amor*, a interioridade em sua verdade, o amor, sem desejo, religioso [...]. Não é o desfrute e a alegria do amor verdadeiro e vivo, mas apenas um inclinar da alma, um amor, sem inclinação, desapaixonado, no qual após uma parte natural é uma morte, um estar-morto [...]". O "desfrutar do amor" é sem "desfrute". E o "inclinar da alma" é sem "inclinação". Onde está, contudo, a diferença entre desfrutar e desfrute, entre inclinar e inclinação? Como inclinar sem inclinação? E como desfrutar sem desfrute? O amor religioso também segue a economia do desfrute. A renúncia ao "desfrute e à alegria" gera um desfrute superior que, como todo desfrute, é um desfrute de si. Eu me desfruto no outro. O "inclinar da alma" conhece, como toda "inclinação", apenas uma direção, a saber, o retorno-a-si. Senão a esta, em que direção a "alma" pode se "inclinar"? Mesmo na "morte", no "estar-morto", o amante se "desfruta" a si mesmo. A morte também não termina com a referência a si, com o autorrelacionamento. Ovídio escreve sobre a viagem de Narciso ao mundo dos mortos: "lumina mors clausit domini mirantia formam. Tum quoque se, postquam est inferna sede receptus, in Stygia spectabat aqua" (a morte fechou os olhos que admiraram o belo rosto de seu senhor. Mesmo depois de chegado ao mundo dos mortos, ele se refletia na água de Styx). O amante, talvez, *ainda morrerá uma vez*, deverá *se* morrer, para ser alguém amável, amistoso.

O amor não é, para Hegel, uma *invocação*: "pois o amor é uma diferença entre dois que, no entanto, não são diferentes completamente um para o outro. O sentimento e a consciência dessa identidade é o amor [...]" (17.221-17.222). O amor é "o sentimento do espírito que se sabe um no outro consigo mesmo" (15.43). Vale, portanto, amar a outridade do outro e, com isso, se desfrutar e se possuir a si mesmo no outro: "a teologia expressa esse processo [...], como se sabe, de que deus, o pai (esse ser em si universal), renunciando à sua solidão, criou a natureza (o ser fora de si, externo a si mesmo), gerou um filho (seu outro eu), nesse outro, contudo, graças ao seu amor infinito contemplou a si mesmo, reconhecendo nisso sua imagem e nele voltando consigo à sua unidade [...]" (10.23). O "espelho" como lugar de repetição aprofunda, porém, a solidão. O "eco" também se amplifica ou duplica. Seria possível fugir dele apenas ali, onde resultaria uma evasão dessa repetição do si mesmo. O "amor infinito" converte a diferença em identidade, o distante em uma proximidade autoerótica. O autoerotismo de Hegel do espírito é um movimento de uma solidão a uma outra solidão. O amor se cumpre, se torna infinitamente uma *solidão infinita*.

Repetir-se é o traço fundamental do espírito ou de deus. O outro é justamente o "filho", "seu outro eu". A "bondade" do sujeito não consiste em contribuir com o outro em sua outridade, mas em "dar a esse outro seu de si mesmo o cumprimento completo de sua própria essência", ou seja, sobrecarregar o outro completamente com *si mesmo*. Enquanto uma outridade que não se suprassume não está no outro, o amor não está cumprido. O momento supremo do amor não é o em que eu *decorro* pelo outro ou ao outro, mas o em que eu retorno totalmente a mim mesmo no outro. O amor é justamente o "se conduzir [...] ao *diferente* apenas como *a mim mesmo*". Em sua passagem ao outro, o amante se assegura constantemente de si mesmo. A "felicidade" do amor é uma fortuna *doméstica* daquilo que é estar em casa consigo em toda parte. O "espírito" de Hegel pertence, vê-se, àqueles "espíritos" que "se instalam em casas"[64]. É um espírito *caseiro*, *familiar*. De modo que chama o outro, correspondentemente, de *meu* "filho", no qual, inabalável, estou *em casa* comigo mesmo.

O "espírito que *se* vê" não é, escreve Canetti, "espírito". Ao espírito deve ser inerente uma certa cegueira. Seria possível dizer também: vê o outro, porque não se vê; vê as coisas, porque é capaz de desviar o olhar de si. Essa capacidade particular do espírito não é o poder. Este zela constantemente pela continuidade do si mesmo. Apenas com ao menos *um* momento de ausência, no qual eu não me alcanço, torna o olhar um olhar amável. Torna o espírito só então *algo que vê* em sentido enfático.

Já Aristóteles descreve a amizade e o amor constantemente como uma figura da identidade. O amigo é, com efeito, um "outro eu" (*allos autos*)[65]. A "suprema medida da amizade" se parece com aquele "amor que se tem consigo mesmo"[66]. A percepção do amigo é uma autopercepção: "consequentemente, perceber o amigo significa tanto quanto, em certa medida, perceber a si mesmo e, de certo modo, reconhecer a si mesmo. Há, portanto, seu bom motivo que o interesse comum do desfrute e a convivência com o amigo também seja algo cheio de prazer nas formas triviais – é mesmo sempre ao mesmo tempo, assim, a percepção, como dissemos acima, do próprio eu [...]"[67]. A amizade produz, portanto, uma relação de identidade entre si mesmo e o outro. Percebe-se a si mesmo, desfruta-se a si mesmo no outro. Curte-*se*, apraz-*se* no outro. O amigo é, segundo sua essência, *meu* amigo: "somando os amigos, ele *se* encontra; depois de acrescentar, retirar, multiplicar, dividir, – o resultado, a soma é inesperada: *ele*. Ele os escolheu tanto assim, que nenhuma outra coisa possa surgir dali? *Tantos*, e esse *velho* resultado?"[68]

É inexplicável, assim escreve Nietzsche, que os gregos caracterizaram os parentes com uma expressão superlativa da palavra "amigo". Tão inabitual assim não é, porém, esse modo de se expressar, pois a lei da casa (*oikos*) denomina a ideia grega de amizade. *Oikeios*, por exemplo, significa tanto "pertencente à família" quanto também "amigado". Para Aristóteles, a *casa* constitui "inícios e fontes" de amizades[69]. Consiste, portanto, em uma estrutura homóloga entre a amizade e a relação pais e filho. Os pais amam o filho como "seu outro si mesmo". Devido a essa autorrelação, a amizade tem um valor superior do que a amabilidade perante o estranho ou estrangeiro. É, para Aristóteles, "eticamente mais belo praticar" a benevolência "ao amigo do que ao estranho"[70].

Em suas considerações sobre a amizade e o amor, Heidegger abandona radicalmente a ótica da identidade. Ele atribui a amizade e o amor (*philia*) ao "propiciar originário", ou seja, ao "preservar daquilo que é apropriado ao outro, pois isto pertence à sua essência". A amizade é o "favor que propicia ao outro a essência que ele tem de tal modo que por esse propiciar a essência propiciada floresce em sua própria liberdade"[71]. É um "poder esperar até que o outro esteja no desabrochar de sua essência"[72]. A amizade prepara espaços ao outro, *espaços livres* se quisermos, nos quais este "floresce" em seu "brilho" *próprio*. O cuidado da amizade não se aplica à identidade. O amigo não é um "eco", um "outro eu". A liberdade também não surge da "minha identidade com o outro", mas do "deixar-ser" do outro. De modo que Heidegger funda a amizade e o amor em uma *amabilidade dialógica*. É constitutivo para a amizade e o amor o *entre* dialógico, ao qual cada um deve sua própria essência, seu próprio brilho. Não se funde com o idêntico. Graças a essa amizade dialógica, a amizade e o amor ganham muita amplitude e espaço. A *amabilidade* lhe dá *espaço*, na medida em que a libera da estreiteza da interioridade e identidade.

Heidegger tem em mente uma *ética da saudação amável, amigável*[73]. A saudação é expandida em uma amabilidade universal que não vale apenas para os seres humanos, mas também para as coisas: "Saudar é um deixar ser das coisas e dos seres humanos"[74]. O gesto da saudação amável e amigável é o de deixar e desapegar. Deixa o outro ser em sua *própria* essência. A saudação amável é o favor que concede a cada ente o que lhe é devido, seu *ser-assim*: "O que é devido em primeiro lugar a cada ente é a essência a partir da qual é o que é. A saudação autêntica é um encorajamento que encoraja ao saudado o grau de essência que lhe é devido e, assim, reconhecer o saudado, a partir da nobreza de sua essência e, por esse reconhecimento, deixar ser o que é"[75]. A amabilidade da saudação amável e amigável consiste em que os saudantes se retratam em prol do saudado, em que saúda *em direção ao outro*, em que *saúda* no outro o que lhe é "devido": "[...] o saudante nunca relata algo sobre si em sua saudação. Na medida em que o saudante em geral e em um sentido necessariamente fala sobre si, fala justamente que não quer nada para si, mas tudo dirige-se ao saudado, tudo aquilo, a saber, que na saudação convir ao saudado. Tudo aquilo que é devido ao saudado como aquilo que ele é".

O saudante se dirige ao outro, sem ir junto consigo. Envolve o outro em sua saudação, sem se unir consigo. O saudante é separado do saudado pelo entre que não admite qualquer acesso imediato. A amabilidade dialógica traz as diferenças em uma proximidade da distância. O entre previne que a comoção do outro se internalize em uma autocomoção-no-outro: "A saudação é um acostar no saudado, uma comoção [...] que, no entanto, não comove, um abarcar que, no entanto, nunca tem necessidade de um 'acesso', pois ao mesmo tempo é um desapego"[76]. A amabilidade da saudação é a serenidade no outro que, no entanto, não seria um deixar-ser indiferente, mas uma forma intensiva de ser-partilhado ou de preocupação com o outro. Libera da coação, redime o ente, desse modo, em "liberado em seu brilho"[77].

A saudação amável e amigável pressupõe uma não-identidade. A minha "imagem" eu não saúdo. E o "eco" vem sempre sem saudação. Quem "se sauda" não se funde em uma unidade, não invoca uma identidade. São ainda menos suprassumidos em um "nós". De modo que Adão não saúda Eva. "Tu és carne de minha carne" não é uma palavra amável ou amistosa de saudação. Quem "se saúda" permanece separado pela "distância de sua própria essência". A proximidade da amabilidade é a proximidade da distância. "Tudo que é essencial" é, diz Heidegger, "a cada vez por seu próprio incondicionalmente distante do outro"[78]. O "espírito" de Hegel está, em oposição, no outro em si mesmo. Distancia-se de toda distância. Essa proximidade absoluta torna a saudação amável e amigável impossível. O traço fundamental do "espírito" que volta-a-si é oposta à intencionalidade da saudação amável, *em-direção-ao-outro*.

A amabilidade de Heidegger é caracterizada por essa "severidade pela qual toda vez aqueles que se saúdam na distância de sua própria essência e de sua proteção são indicados". Ela é, nesse sentido, severa, pois quem se saúda permanece separado segundo a "essência". Saudando, despedem-se em "sua própria essência". É interessante como Heidegger, que em geral se põe criticamente em oposição ao pensamento metafísico, se retém à "essência". Sua *severidade da essência* toma a abertura da amabilidade.

A *amabilidade do vazio* é mais aberta, mais ampla do que a amabilidade dialógica e da preocupação com o outro de Heidegger. Ela faz fluir os contornos severos da "essência". O *entre* dialógico, no qual a cada vez se firma a própria essência, não é *vazio*. Da interioridade ou da intimidade que o anima prescinde a amabilidade do vazio. Quem saúda se esvazia, sai da sua intimidade na saudação. Em vez de se distanciar em "sua própria essência", os que saúdam se refletem um ao outro: "levanto a mão para saudar o pássaro no arbusto e sinto a figura do saudado na palma da minha mão (um outro estigma)"[79]. A amabilidade do vazio provoca uma *continuidade do ser* através dos espaços amplos, uma continuidade, podemos dizer, do *mundo*. Ela se distingue daquela continuidade do *si mesmo* na qual trabalha o poder. Amável é o olhar [*Blick*], o momento [*Augenblick*] no qual há a fortuna de um retorno-ao-mundo: "gostaria de ser tão vazio que me erguesse com o galho que se ergue"[80].

A metafísica do poder

> *A forma que vem do vazio é um espírito (e tem espírito, e dá espírito).*
> *Minha consciência não precisa do silêncio? Não se revigora antes em meu querido silêncio? "Ele ama estar em silêncio": expressão maravilhosa! Amável silêncio, que preencha o mundo [...].*
> Peter Handke

Em sua arqueologia "da história do ser" do pensamento ocidental, Heidegger acredita ter descoberto uma camada profunda que aponta a uma interdependência entre ser e poder. Contra essa proximidade entre ser e poder que lhe pareceu funesta, ele faz referência incansavelmente à necessidade de uma outra experiência do ser. O que é invocado é a "o poder desnecessitado [*Unbedürftige*]"[81], "essencialmente diverso de todo outro poder"[82].

Aos traços fundamentais do poder, Heidegger inclui o "idiota" (*idion*), ou seja, o "viciado-em-si-mesmo" que "se manifesta primeiramente como subjetividade"[83]. O traço essencial "idiota" é projetado por Heidegger retroativamente também sobre o conceito aristotélico *entelecheia*: "poder é, na condição de vontade, o querer-para-além-de-si, mas, assim, justamente chegar a si mesmo [...] em grego: *entelecheia*"[84]. O poder se manifesta como a vontade de se exceder ou de crescer, de ganhar espaço, de modo que a tensão da extensão para fora aprofunda a interioridade do *si*. Heidegger também avista no conceito de substância aristotélico uma dimensão do poder. Segundo sua tradução idiossincrática, *ousia* nomeia aquilo "que se essencializa de modo supradominante" (*he kyriotata*)[85]. Consequentemente, para Heidegger, a descrição da substância de Hegel estaria dentro da lógica do poder, de modo que ela, como "*poder absoluto*" (8.294), constitui a "totalidade dos acidentes" que se manifestam de modo oposto.

O ser se manifesta na modernidade, segundo a história do ser heideggeriana, como ser-*efetivo*. De modo que o ente aparece na luz do efetivar-se, ou seja, do fazer que causa. Heidegger descreve o efetivar-se desde sua relacionalidade constitutiva com o si mesmo. O efetivo é o "que se efetiva ansiando segurança"[86]. Esse traço, essa contradição *consigo*, é a dimensão, inerente ao efetivar-se, do poder: "no efetivo reside o traço essencial denominado [...] a expressão "para-si-além". O efetivar-se é referido em si para si, e apenas nessa referência determina aquilo que está efetivando. Aquilo, contudo, para além de que essencializa o "para-si-além..." não necessita ainda de um eu, nem de ser um si mesmo. O 'para-si-além...' pode, em vista da causação [*Bewirkung*] na direção do efetivado, ser concebido como re-torno (*reflexio*). [...] Todo efetivar-se [*Wirken*] é um causar [*Bewirken*] que efetiva [*erwinkend*]"[87]. Essa inflexão-a-si, essa inclinação originária a si, seria o *primeiro movimento do poder*. No "amor", Heidegger também avista essa mesma estrutura da subjetividade: "Onde há efetividade, há vontade; onde há 'vontade', há o querer-se; onde há um querer-se, existe as possibilidades de desenvolvimento da essência da vontade como razão, amor, poder"[88]. Por conseguinte, razão, amor e poder têm a mesma intencionalidade, o mesmo interesse.

Hegel também vê uma proximidade essencial entre efetividade e poder. Em sua "lógica", dedica-se, justo na seção "Efetividade", especialmente ao poder. A relacionalidade a si mesmo do "para-si-além" rege essa "relação absoluta", constitutiva para sua lógica do poder. A "relação absoluta" é uma relação na qual o um se relaciona com o outro como a si mesmo, de modo que permanece no outro em si mesmo. Onde domina a "relação absoluta", o um não deixa o outro em si mesmo. Aqui não haveria o *totalmente outro* que faz o um ficar fora de si, fazendo com que virasse impotente. O "absoluto" é justamente por isto absoluto, porque permanece no outro completamente em si mesmo, porque fica completamente em si, completamente *decidido*. Nas figuras que determina ou articula, avista a si mesmo. Seu movimento é, segundo Hegel, "uma *determinação*, mas pela qual não viraria um *outro*". Ele se determina, ao contrário,

110

por "aquilo que já *é*". Exterioriza-se, é verdade. Mas o exteriorizado é uma "exterioridade transparente que é o *mostrar* de seu si mesmo". Exteriorizar-se é "um movimento a partir de si, mas de tal modo, que esse ser-ao-exterior é igualmente a própria interioridade" (6.194). O absoluto se expõe, se manifesta indo ao exterior, sem que, no entanto, se perca no exterior. Ao contrário, encontra-se em toda parte em si mesmo. De modo que, no exterior, está, contudo, no interior, em si mesmo. Expor-se se chama, portanto, se manifestar ou se explicitar, pelo que apenas se pode expressar o que *já* está no interior. O "ser-ao-exterior" se consuma como uma autoexposição, como uma autointerpretação. O exterior fica recurvado no interior. O exterior está no interior. E o interior no exterior. Determinar como "*mostrar* seu si mesmo" é uma manifestação, uma expressão que faz trans-*parecer* o interior no exterior. A aparência exterior é, com isso, atravessada pelo interior, *transluzida*. De modo que a exterioridade permanece "transparente". Ela é uma "aparência transparente por excelência" (6.188). O exterior que deixa entrever o interior por completo zela para "que esse ser-ao-exterior seja igualmente a própria interioridade". Nenhum exterior turva o interior, alienando-o de si mesmo.

O retorno-a-si como "relação absoluta" é a figura fundamental do poder que se manifesta, contudo, de modo diverso. No âmbito de sua explicação da "relação absoluta", Hegel descreve formas de relação que vão se tornando cada vez mais complexas e que se constituem como relações de poder diversas. Com isso, se desenvolvem formas de poder com *grau crescente de complexidade ou mediação*.

Primeiramente, Hegel tematiza a "relação da substancialidade", ou seja, a relação entre substância e acidente. O acidente é algo passageiro, contingente. Fica à mercê da mudança do surgimento e do decorrer. A substância, ao contrário, é o permanente, o perseverante, o "igual nessa mudança"[89]. A substância é a "totalidade dos acidentes". É o um, o todo, a parte que se abrange em si e que se afirma por meio de suas mudanças. De modo que não se perde nos acidentes: "em sua acidentalidade, ela (i. e., a substância) retorna em si mesma"[90]. O poder substancial se expressa nessa persistência e insistência do si mesmo. De modo que Hegel associa substância e poder enfaticamente: "apenas a substância tem poder no mundo. Tem-se algum poder apenas pelo substancial"[91].

A substância na constelação substância/acidente é, no entanto, apenas um "*poder formal*" (6.222). Seu poder pode até determinar *que* o ente *seja* ou *não seja*. Mas não domina a dimensão do conteúdo do ente, ou seja, seu *o que* ou *como*: "na medida em que *é*, vale para ele apenas *que* seja, não *como* é; pode ser assim, mas poderia também ser diferente, justo ou injusto, feliz ou infeliz. Trata-se, assim, na necessidade, da afirmação formal, não do *conteúdo*" (17.37). O poder formal da substância abrange o mundo, mas não o *compreende*. Envolve-o, mas não o apreende. Ainda não é um poder que vê ou sábio, mas um que é cego ou mudo. É, justamente, in-*determinado*.

A substância, ao meramente aparecer não como poder formal, vazio, mas como poder "que põe as *determinações*", reais, transforma a relação substância-acidente em uma relação causal. A substância que põe é, então, a causa. Seu colocar é, assim, um *se*-determinar, *se* explicitar. Na medida em que transpassa completamente o outro na condição do que foi posto por ela, refere-se nele a si mesmo. A substância se manifesta no outro como seu poder que põe. Debruça-se na aparência no outro expressamente em si mesma. O outro é seu próprio brilho, o reflexo de seu próprio poder. Ela se reflete, se espelha no outro. A relação reflexiva é uma autorrelação. De modo que Hegel fala da reflexão-em-si: "a substância é, na condição de poder, *a aparência* [...]. Mas é, na condição de poder, igualmente reflexão--em-si em sua aparência" (6.223).

Uma causa não traz apenas um efeito. Ela mesma pode ser um efeito de uma outra causa. Um efeito não apenas pressupõe uma causa. Ele mesmo pode ser a causa de um outro efeito. Dispersa-se, assim, a relação de causalidade em uma cadeia infinita de causas e efeitos. A dispersão como "progresso de causas e efeitos ao infinito" (8.300), contudo, torna impossível um retorno-para-si absoluto. Este só ocorre quando "a passagem em linhas retas de causas para efeitos e de efeitos para causas *dobra* e *volta* em si". É necessário, portanto, uma "dobragem do progresso infinito em uma relação fechada em si". Apenas em um circuito fechado de causa e efeito, na *Wechselwirkung*, ou seja, na reciprocidade de efeitos, é que um retorno-para-si absoluto é possível.

Antes de Hegel passar para a reciprocidade dos efeitos, ele discute uma relação particular de causalidade entre duas substâncias. A causa é a primeira substância como substância que atua e causa de modo ativo. Ela se opõe à substância passiva. A substância ativa como causa atua sobre a substância passiva. A substância passiva incorre [*erleidet*] na substância ativa que *se põe* nela. A substância passiva "sofre" [*leidet*] "*violência*" na medida em que a substância ativa, que põe, lhe aparece como algo que lhe é *exterior*: "a violência é a *aparência do poder* ou *o poder como exterior*" (6.235). Quando, portanto, algo exterior se apodera de algo meu, sofro isso como violência. Mas nem todo poder é violência. No momento em que eu experimento o poder que se estende até mim, ou seja, como algo que experimento isso que é posto por ele como algo que me pertence essencialmente, ou seja, que distingue meu interior, então o experimento não mais como uma violência. Hegel chama sempre a atenção para aquele poder que não me agarra violentamente como algo meramente exterior, mas que *antes cria ou funda* meu interior. Nesse caso, não sofro uma heteronímia, uma determinação estrangeira, pois o posto pelo poder que determina é minha *própria* determinação. A substância passiva não se submete ao poder da substância ativa, que põe, esta não arranca aquela de si. Do ponto de vista da substância ativa, a substância passiva permanece, ao contrário, em si *em casa*, pois aquilo que a substância ativa põe na substância passiva é, por assim dizer, seu próprio *estar em casa*: "o que ela [a substância passiva] como um *estranho obtém*, ou seja, como ser determinada como um *ser posto*, é sua própria determinação. – Mas, então, na medida em que é posto em seu ser posto ou em *sua própria* determinação, não é, ao contrário, suprassumida, mas *se associa, assim, apenas consigo mesma* [...]". Aquilo que à substância passiva aparece primeiramente como estrangeiro, estranho, como exterior, se revela como seu próprio. Seria possível dizer também: o poder *liberta* a substância passiva, tornando-a somente então em algo próprio, em um si mesmo autêntico. A determinação pelo poder não é, portanto, uma heteronímia, uma determinação estrangeira, uma violência, mas uma determinação que causa o próprio, que não existia até então. O poder que determina não atua, portanto, de modo repressivo, mas *libertador*. É completamente diferente daquela violência que priva ao outro de sua *própria* determinação. Ao contrário, ajuda-o a atingir sua *própria* determinação, a mais autêntica de todas, sem cujo auxílio não atingiria, de modo que se torna pela primeira vez possível o "próprio *tornar-se*": "à substância passiva é, por isso, feito apenas seu direito por meio da efetivação de uma outra violência". A violência se mostra, com isso, como poder. A substância passiva é posta pelo poder não como aquilo que teria querido ser desde si mesma, mas "como aquilo que *é de verdade*". *O poder é, portanto, uma aparência da verdade*. Revela, manifestando à substância passiva sua *própria* verdade.

A substância passiva *deixa voluntariamente* com que o poder que põe, ou seja, a substância que põe, exerça influência sobre si. Esse deixar é um tipo de agir. Ou seja, a substância passiva não é totalmente passiva. O ser posto é ao mesmo tempo o *"agir do próprio passivo"* (6.236) que consiste em deixar e permitir. Devido a esse agir, a substância passiva é, em certo aspecto, ativa. Ela, de fato, trabalha de modo ativo no próprio tornar-se. Age ela mesma como uma causa. Onde a substância passiva, agindo conjuntamente como causa, se efetua de modo retroativo no poder que põe, a relação de causalidade não é mais linear, mas circular. Surge um circuito fechado no qual causas e efeitos se atravessam. Desse modo, "o atuar e efetivar que ocorre na causalidade finita no progresso do mal infinito [é] *dobrado* e se torna um *efetuar recíproco* reversível, infinito" (6.237). Por força dessa dobragem e reversividade, o um está no outro referido a si mesmo. Ambos os lados se refletem um no outro. De modo que cada lado reverte o outro em si mesmo. O todo é uma "alternância pura *consigo*". A felicidade da "alternância pura consigo" é a alegria do poder que é efetivado no exterior, no totalmente outro. Nada que seja estranho ou estrangeiro perturba a liberdade do ser-em-si, nada irrompe no círculo-entorno-de-si afortunado. A "alternância pura consigo", na qual todo exterior fica liquidado, é um estado de poder absoluto.

A efetivação recíproca não é ainda uma relação suprema do si mesmo: "o insuficiente no uso da relação da efetivação recíproca consiste, observado de maneira mais detida, em que a relação, em vez de poder valer como um equivalente para o conceito, quer ser, ao contrário, conceituada antes por ela mesmo, e isso ocorre na medida em que ambos os lados [...] são reconhecidos como momentos de um terceiro, superior, justamente, pois, o conceito" (8.302). O conceito é, portanto, *mais* do que uma relação pura entre duas substâncias que se condicionam. É um todo que gera em si diferenças e momentos, e com as quais permanece idêntico, ou seja, reverte-se e volta-se a si nelas. De modo que se articula como um sujeito: "o *conceito* é o todo das determinações, sintetizado em sua unidade simples" (4.22). O "terceiro" ou o "superior" dá ao conceito, além disso, certa verticalidade. "Descende" em suas determinações singulares (ver 6.296). Essa virada ao vertical e na subjetividade faz com que o conceito apareça como poder. O conceito é, com efeito, o poder de "se conservar em seu outro a unidade consigo" (13.150), ou seja, de permanecer em seu outro em si mesmo, de retornar e reverter a si mesmo. A primeira frase do curso da Lógica sobre o "conceito" reza, de maneira correspondente: "o conceito é [o] livre, na condição de [o] poder substancial que é para si mesmo [...]"[92].

A lógica do conceito de Hegel descreve a relação meio-fim igualmente como uma relação de poder. O fim é, segundo Hegel, o "poder sobre o objeto", ou seja, o poder sobre o meio. "Toma o objeto" para se realizar nele. No objeto tomado, o fim avista a si mesmo. O retorno-a-si é a forma fundamental do poder. O fim *finito* tem uma realidade hostil que se lhe opõe. De modo que deve ser quebrada sua resistência para a objetivação do fim. A realidade é rebaixada a mero meio do fim que se estende sobre ela. A finitude do fim consiste em que a realidade é subsumida *apenas exteriormente* sob o fim, se adequando a ele. A "conformidade a fins verdadeira" ou finita, ao contrário, se consuma sem essa violência. A relação entre conceito e realidade não é aqui uma dominação, mas um "fazer amizade". A realidade não consiste mais em uma força "antagônica" cuja resistência teria que ser quebrada com violência. Ao contrário, submete-se ao conceito por seu *próprio* fim: "o conceito, então, na medida em que é posto livre para si, tem primeiramente a realidade se opondo a ele e esta é determinada contra ele como algo negativo. No conceito absoluto, na ideia pura, essa realidade se funde, esse caráter hostil, tornando-se unidade, amigo com o próprio conceito, anula sua propriedade e se torna ela mesma livre de ser apenas meio. Isso é, de fato, a verdadeira conformidade a fins" (17.159). A "verdadeira conformidade a fins" se orienta à unidade e identidade. A realidade tem sua propriedade anulada, até que se "funde" com o conceito. A anulação da "propriedade" não é, no entanto, perda, mas uma condução à sua própria verdade.

O fim ou o conceito "se põe" como a "essência que é *em si* do objeto". O objeto é, portanto, o "em si" do conceito. Já está *conceituado, incluso e contido* [*einbegriffen*], no conceito. O conceito ou o fim não é exterior ao objeto. O fim efetivado é, ao contrário, a "manifestação de seu próprio [do objeto] interior". O fim não molda, portanto, o objeto externamente, mas manifesta sua *própria* determinação *interior*. Era de certo *a crença* de Hegel que o "conceito" ou o "fim" é o ponto de vista interior, mas oculto, da realidade. Deve-se, portanto, apenas levá-la a uma *desocultação*, um *desvelamento*, pelo que a ocultação seria um momento constitutivo do acontecimento da verdade: "a objetividade é, então, por assim dizer, apenas um invólucro sob o qual o conceito fica oculto. No finito, não podemos vivenciar ou ver que o fim é atingido de verdade. [...] A ideia faz a si mesma essa ilusão em seu processo, põe um outro contra si e seu agir consiste em suprassumir essa ilusão. Apenas por esse erro que resulta a verdade [...]" (8.367).

O "poder do conceito" é, para Hegel, o poder da mediação. Ele atravessa as partes, unindo-as em um todo, de tal modo que "os vinculados uns com os outros na realidade não são estranhos uns aos outros, mas apenas momentos de *um* todo, no qual cada um está em si mesmo na relação com o outro e se associa consigo mesmo" (8.303). É a "determinação simples do conceito, na qual os opostos estão na condição de um". Em oposição a esse poder do conceito, a violência não é direcionada à mediação. É um fenômeno de *separação*. Portanto, o "idiota" não seria o traço fundamental do poder, mas da violência.

A violência me confronta com o totalmente outro e com o estrangeiro, o estranho. De modo que aniquila minha liberdade. Apenas a identidade torna a liberdade possível: "pertence à liberdade que aquilo que nos chega seja idêntico a nós mesmos"[93]. A violência vem do totalmente outro. Em oposição à violência, o poder não exclui a liberdade. Foi já indicado que, na efetivação recíproca, a substância interpreta seu ser posto como seu "*próprio tornar-se*". A substância ativa, que se põe, livra a substância passiva levando à sua *própria* determinação.

A liberdade não significa simplesmente que eu não deixo nada entrar em mim. Esse eu que se bloqueia diante de qualquer outro, seria, para Hegel, cego, vazio ou abstrato. Seria um *idiota*. A liberdade pressupõe uma "*submissão*" primária, por exemplo ao posto, *Gesetz*, à lei. Isso não é, contudo, o estranho que rouba minha liberdade. Ao contrário, promove um espaço no qual *só então* posso ser livre: "Ou obedeço ao posto, à lei, como um estranho que não é meu, ou, na medida em que reconheço a lei como a própria determinação da razão, me relaciono apenas comigo mesmo, estou comigo mesmo. Isso é a liberdade"[94]. Liberdade chama-se, portanto, permanecer consigo no outro, ser idêntico a si mesmo no outro. A liberdade requer um vincular-se decidido naquilo que constitui minha *própria* determinação, uma submissão decidida, um *sim* decidido ao outro que ao mesmo tempo significa um *sim* ao meu mais próprio mim mesmo. O poder está baseado nesse *sim*. A violência se depara, ao contrário, com o *não*.

A submissão primária é, segundo Hegel, o "mais duro". A "dureza" se resolve, contudo, quando percebo no outro ao qual me submeto não um estranho ou estrangeiro a mim, mas minha *própria* determinação, meu próprio si-mesmo. Esse retorno-a-si-no-outro, o "seu seguir-junto no outro *consigo mesmo*" torna livre. Vale, portanto, *pensar* a necessidade da submissão como *liberdade*: "a substância efetiva [...] já está submetida à *necessidade* ou ao destino, de se tornar ser-posto, e essa submissão é, ao contrário, o mais duro. O *pensamento* da necessidade é, em contrapartida, a resolução dessa dureza: pois, é o seu seguir-junto no outro *consigo mesmo* – a *libertação* que não é a fuga da abstração, mas deve se ter no outro efetivo, com o qual o efetivo está vinculado pelo poder da necessidade, não como outro, mas como o seu próprio ser e pôr" (8.305-8.306).

Na teoria de Hegel do poder, aparece rapidamente o significado originário do sujeito, ou seja, o *ser-submetido*. O submetido [*unterworfene*], seria possível dizer também, o sujeito *lançado* [*geworfene*] *no outro de seu si mesmo*, se experimenta, nisso consiste a virada radical, como inteiramente livre, pois, nele, segue junto consigo mesmo, pois se identifica com ele. Hegel faz com que o estar-lançado vire *completamente, sem restos*, liberdade. O sujeito lançado no outro projeta-*se* a partir do outro, inclusive no "seu seguir junto no outro *consigo mesmo*". A "resolução dessa dureza" consiste em que o outro ao qual o sujeito se submete se consuma como *seu próprio* projeto. Em oposição ao estar-lançado do ser-aí heideggeriano que sela sua finitude, a submissão do sujeito hegeliano leva a uma liberdade infinita.

O poder é experimentado, tal é a tese de Hegel, como violência quando o conteúdo que compartilha não corresponde com a *autoimagem* do objeto, ou seja, com a imagem que ele faz de si mesmo, com outras palavras, quando o objeto, embora o conteúdo do poder seja idêntico a ele *em si*, não percebe nele a si mesmo e, em vez de se abrir ou se submeter a ele, obstina em seu si mesmo restrito, tacanho. Se o poder se impõe, isso é sofrido como violência. Sua "manifestação" incorre, então, em sua "ruína". O objeto é "*subjugado*, na medida em que sua determinidade não é *adequada* com o universal compartilhado que foi incorporado pelo objeto e deve se singularizar nele"

(6.420). O poder que se partilha lhe parece por este motivo como violência, porque, devido à sua tacanhez, não tem "*capacidade para o partilhado*". De modo que é "dispersado" pelo poder que se partilha do universal, "pois não se constitui como *sujeito* nesse universal, não podendo torná-lo seu *predicado*". O universal é percebido por ele como o exterior, como o que lhe é estranho, estrangeiro. O objeto é, portanto, superado de sua tacanhez, devendo fazer do universal seu próprio predicado, seu próprio conteúdo, a fim de experimentar a manifestação do poder não como submissão, mas como resolução e elevação. Apenas por força dessa interiorização que se pode ser livre face ao poder. De modo que Hegel faz com que a submissão coincida totalmente, sem restos, com a liberdade.

Vale mesmo para Hegel a seguinte observação crítica de Heidegger: "a essência *metafísica* da outorga do empoderamento incondicionado da essência do poder que se mostra em que desdobramento do poder reclama um princípio que a metafísica repetidamente profere: liberdade e necessidade. Esse pensamento permite com que toda coação e tudo que é coagido e oprimido pela violência do poder se manifeste como algo necessário, e que este seja, porém, interpretado como liberdade. De modo que o que é oprimido sabe de si como um livre e em tal autoconsciência é prescindido na insurreição contra o necessário, quer dizer, contra a coação violenta. Pois, como deveria o livre se roubar também de sua liberdade"[95]. Face à coação, não haveria certamente nenhuma outra possibilidade do que se aninhar nela, do que o necessário se dirigir ao livre, graças a uma *mimeses dele*. Hegel replicaria, contudo, a Heidegger, que suas considerações valeriam apenas para a relação *finita*. A *infinitude* do poder do *conceito* consiste, em oposição, em que ele me faz justamente aquilo que sou em verdade, que eu me liberto em meu *mais próprio mim mesmo*. O espírito seria poder por este motivo, porque não ocorre nenhuma coação, nem também coação *interna* de fazer mimeses da violência. O poder, ao qual ainda seja inerente uma coação, seria um poder finito. Em oposição à violência, o poder não exclui a liberdade. O maior poder de to-

128

dos está ali, onde não topa com nenhum *não*. O poder infinito coincide totalmente, sem restos, com a liberdade.

O conceito constitui o *All*-gemeine, a saber, o *comum a todos*, o *universal*. O poder do conceito é o *poder do universal* que *se* explicita, "se distingue", isto é, se diferencia em efetividades concretas, *se* determina em formações particulares. Nesse sentido, Hegel dá o nome de conceito também ao "*poder criativo*" (6.279, 4.281). O particular ao qual o universal do conceito se forma é um outro com o qual, contudo, o universal permanece idêntico, pois senão não seria mesmo *all-gemein*, comum a todos. O particular como "*aparência ao exterior*" não muda de direção do universal, mas está nele incluído ou conceituado, *in- oder ein-begriffen*. É a *própria* figura do universal que se partilha. O universal do conceito compreende o particular como *seu* outro em si. De modo que a "extensão [*Übergreifen*]" do conceito [*Begriff*] "no seu outro" não é violação [*Übergriff*] violenta. E o universal não se dispersa no particular, mas permanece nessa "*aparência ao exterior*" recolhido em si. Nesse recolhimento absoluto, nesse retorno-a-si, é que consiste seu poder: "o universal é, assim, o poder *livre*; é ele mesmo e se propaga sobre seu outro; mas não como algo *violento*, mas o faz, ao contrário, estando calmo e *em si mesmo* nesse outro. Como isso foi chamado de poder livre, seria possível também chamá-lo de *amor livre* e *felicidade ilimitada*, pois é uma relação apenas *consigo mesmo* em relação ao *que lhe é mais diferente*; neste retornou a si mesmo" (6.277). O conceito é, portanto, um "amor *livre*", um amor sem violência. Ele se continua, é verdade, em seu outro. Mas essa continuidade não é o resultado de uma intervenção [*Eingriff*] violenta.

O "amor eterno" como liberdade infinita ocorre "quando o conceito se alastra por toda realidade que lhe é conforme de modo tão completo que tem apenas a si mesmo e não deixa aflorar nele nada outro do que a si mesmo" (13.210). O conceito deve penetrar na realidade de tal modo que permaneça em si mesmo nela. O conceito ou o universal, é verdade, "se estende [*übergreift*] sobre seu outro". Mas essa violação [*Übergriff*] não violenta. Ao contrário, ele se depara com um "sim" irrestrito do outro. O poder do universal que se estende é um poder *livre*, na medida em que *liberta* o outro em seu *próprio* conceito. O "poder *livre*" não é, portanto, um oximoro. Não é também uma expressão desastrosa ou imprópria. Ao contrário, nomeia de modo pertinente uma relação singular, na qual poder, amor e liberdade coincidem. O poder livre provoca uma continuidade, na qual toda e qualquer separação, quebra ou dor são superadas. Em oposição à violência, ele opera associando, unindo e reconciliando.

O "poder *livre*" não pressupõe uma "luta", pois é o "amor *livre*". Por isto que a penetração amorosa do outro não gera uma ferida, porque o coloca naquele elemento no qual *só então* pode ser livre. A "*felicidade ilimitada*" não é, de modo correspondente, a daquela "vitória com a qual essa luta termina por meio da submissão completa do outro"[96]. A crítica de Theunissen ao conceito de Hegel do poder não é, de fato, completamente absurda. Mas faz desaparecer um aspecto central da teoria do poder hegeliana. Ela não considera, a saber, aquela submissão *primária* do outro (*genitivus subiectivus*, genitivo subjetivo), aquele "sim" *anterior* que precede toda e qualquer coação, toda e qualquer "luta". Trata-se de uma submissão que *apenas a partir dela* cria o sujeito. Ela se distingue fundamentalmente daquela "submissão completa do outro" (*genitivus obiectivus*, genitivo objetivo) da qual Theunissen fala. Se se está falando de "vitória", então essa vitória seria uma particular, uma *vitória sem luta*, na qual todos ganham. Onde o *poder do espírito* impera, a coação se retira. Esse era *a compreensão de Hegel*. A ausência de coação e violência faria do espírito justamente aquilo que ele é. Por isto o poder é um poder livre, porque o outro se submete *voluntariamente*, porque o outro se encontra apenas nessa submissão livre. Portanto, o *que se tem vontade* é se submeter à vontade o amante, reconhecendo nela sua *própria* vontade, seus *próprios* fim e conceito. Essa submissão livre, libertadora, não necessita de uma "luta". Ela não erradica o outro de si. Ao contrário, faz com que ele só a partir dela desperte para si mesmo.

A submissão *livre* significa o se-unir-ao-
-outro. Essa união *primária* não é oposta à
liberdade. Ao contrário, ela estabelece só a
partir disso o meu mim mesmo, meu *auto*, e
me auxilia só a partir disso a ter minha lei, *no-
mia*, possibilitando, então a *autonomia*: "essa
é a autonomia suprema do ser humano, saber
se determinar totalmente pela ideia absoluta"
(8.304). O outro do qual sou "determinado totalmente" não é estrangeiro ou estranho, mas
o conteúdo completo de *meu* ser. Estou completamente preenchido por ele. Sou *o outro*.
Devo meu ser ao outro. Para ser, devo me submeter ao outro, me unir incondicionalmente
a ele. *Antes* dessa submissão eu não era *nada*.
Apenas a submissão amorosa me oferece o
ser, meu mim mesmo. No outro, enxergo minha própria determinação. De modo que estou no outro completamente comigo mesmo,
apenas depois disso estou comigo mesmo, ou
seja, livre. A submissão significa, portanto, pa-
radoxalmente a libertação ao mais próprio si
mesmo. Não é opressão, mas criação do meu
mim mesmo. O sujeito de Hegel pode ser lido
nessa dimensão do *estar-submisso* [*Unterwor-*

fenheit]. Tornar-se sujeito se deve a uma submissão. O amor como submissão e o amor como extensão [*Übergreifen*] são duas formas de aparição da subjetividade.

O poder é também o traço fundamental da "ideia". Hegel a define assim: "a ideia é o *verdadeiro em si e para si, a unidade absoluta do conceito e da objetividade*. Seu conteúdo ideal não é outra coisa do que o conceito em suas determinações; seu conteúdo real é apenas sua exposição que se dá na forma da existência exterior e na qual essa figura está envolvida em sua idealidade, em seu poder, de modo a se conservar nela" (8.367). Por meio de seu poder, o conceito forma a existência objetiva. De modo que ele fica nessa figura exterior sem obstáculos consigo mesmo. Ela é sua *própria* figura: "esse é o poder do conceito que não renuncia nem perde sua universalidade na objetividade dispersa, mas torna evidente sua unidade pela realidade e nele mesmo. Pois é seu próprio conceito conservar consigo sua unidade em seu outro. Apenas assim ele é a totalidade efetiva e verdadeira" (13.150). Graças ao seu poder, o conceito *se* realiza completamente sem qualquer perda de seu si mesmo A ideia é "o conceito livre, que se determina a si mesmo e, com isso, em realidade" (8.268-8.269). Sem o poder, resta nele apenas uma interioridade e uma identidade consigo abstratas. Apenas o poder o leva à *decisão* de sair de si, pôr e penetrar o outro e, assim, por meio do outro, ou seja, do negativo, retornar a si: "[a ideia] seria o abstrato-formal Apenas quando o conceito que é seu princípio fosse tomado como a unidade abstrata, não como ele é, mas como *seu retorno negativo em si* e como a *subjetividade*" (8.369).

O poder produz um *continuum* orgânico no qual tudo está mediado com tudo. O poder ausente incorre em alienação, descontinuidade e dispersão. O poder é, portanto, completamente diferente de violência. É justamente um *vácuo de poder* que provoca violência. A violência não é capaz de mediação, não consegue promover qualquer continuidade, ao menos nenhuma continuidade *interior*. O poder, ao contrário, media e mantém junto. O poder carente de mediação tem certamente traços determinados de violência. Mas o poder não *consiste* em violência. O continuum do poder é, ao mesmo tempo, um *contínuo de si mesmo*. Tem a estrutura de uma subjetividade. O poder promete o "retorno infinito em si" (17.305).

A teoria de Hegel do poder é dominada por uma figura enfática do si mesmo, por uma decisão-para-si incondicional. A ventura do retorno-a-si é tão maior quanto mais dilacerante for a tensão negativa que engendra o outro em um: "pois a medida e força se medem verdadeiramente apenas pela medida e força do oposto do qual o espírito se reconcilia em sua unidade, a intensidade e profundidade da subjetividade se evidencia tanto mais quanto mais infinitas e tremendas as situações se revelem e quanto mais dilacerantes forem as contradições sob as quais, todavia, tem que se manter firme em si mesmo. Apenas nesse desenvolvimento se demonstra o poder da ideia e do ideal, pois o poder consiste apenas em se conservar no seu negativo" (13.234). Conservar-se em seu negativo se chama se continuar no outro, produzir uma continuidade de si mesmo por meio do outro.

No caminho da "relação da substancialidade" com o "conceito", Hegel desenvolveu formas de poder com grais diversos de complexidade e mediação. O poder do conceito tem uma complexidade bem superior ao da substância que apenas *um-greift*, en-globa, o conteúdo, sem que o *er-greifen* ou *be-greifen*, ou seja, sem que o apanhe ou conceitue. O conceituado não é exterior ao que conceitua. O poder do conceito é capaz de uma mediação mais intensiva. De modo que não exclui a liberdade. O poder que apenas agarra, em oposição, possui um grau de mediação bem menor. Desse modo, se aproxima da violência. As diferentes formas de poder que a dialética de Hegel do poder desenvolve terão que ter em conta as críticas que foram feitas a Hegel.

Heidegger opõe ao poder aquela "grandeza (*majestas*)" que é "atingida sem nenhum poder". Em sua crítica ao poder, contudo, parte de um conceito de poder bem limitado. De modo que lhe escapa que há uma forma de poder que tem uma "grandeza" própria, uma majestade própria. É problemático que ele não faça nenhuma diferenciação conceitual entre formas distintas de poder. O poder ao qual sua crítica se dirige tem, se comparado, por exemplo, com o "poder livre" de Hegel, uma estrutura de mediação muito pobre. De modo que o poderoso está ligado à "ostentação" ou à "pompa e [à] balbúrdia"[97]. Sua essência é a "luta pela 'vida e morte'". O poder "empodera [...] além da eticidade, do direito e do costume"[98]. É problemático que Heidegger coloque o poder na proximidade da violência, da destruição e da maquinação. Claramente desconhece que o poder não deve descartar que ele não se dá necessariamente com "pompa e balbúrdia". Quanto mais poderoso for o poder, mais silencioso ele opera. Onde chama a atenção para si com pompa e balbúrdia, já está enfraquecido.

Heidegger dispõe, é verdade, apenas de um conceito de poder bem limitado. Mas sua filosofia madura formula, não há dúvidas, formas de relação significativas em relação à crítica do poder, como "pudor", "serenidade", "reserva [*Verhaltenheit*]" etc. O poder redime a distância, pois esta torna impossível o retorno-a-si integral. Apenas a proximidade irrestrita do *conceito* de ser, do outro conceituado, promete o repouso do estar-consigo-mesmo-no-outro. Esse "pudor", ao contrário, salvaguarda o distante. É a "memória acumulada pacientemente daquilo que se foi e permanece próximo na proximidade que se concentra somente em manter distante [...] uma distância em sua abundância"[99].

A "afeição ao que tem pudor" ou a "memória acumulada do que se foi" seria para Hegel apenas uma *Fernsucht*, doença do distante, uma *Schwindsucht* do espírito, uma tuberculose do espírito que "termina no mero saudosismo do ânimo em vez de no agir e ser efetivo" (13.211), um estado, portanto, no qual o espírito, em face do outro, ainda está *fora de si*, ou seja, ainda não está livre. Ao espírito hegeliano é inerente mesmo uma *impudência* que elimina toda e qualquer distância. Por meio dessa *Ent-fernung*, desse des-distanciamento do outro, volta a si mesmo. Proximidade ilimitada significa poder e liberdade. A "insistência do ainda não ter chegado na proximidade mais distante da renúncia hesitante"[100], em oposição, seria para Hegel uma doença interiorizada da não liberdade.

Heidegger chama a atenção para uma "localidade ante-espacial apenas por meio da qual há um onde possível"[101]. O espírito sempre já está nela, é verdade. Mas ela não pode ser consultada em sua autoconsciência. Falta-lhe sempre um *ser-em* que ocorra antes de todo e qualquer retorno-a-si. Antes do espírito *se* aparecer ele está *já em* um ante-espaço, em um "lugar" que deixa tudo *aparecer*, sem entregar a si mesmo à aparência: "Hegel, ao culminar a posição fundamental de seu sistema na ideia absoluta, no aparecer completo de si mesmo do espírito, acaba levando à questão se não deveria estar em jogo também *ainda* nessa aparência, ou seja, na fenomenologia do espírito e, com isso, no se-saber absoluto, em sua certeza, *o desvelamento*. E, do mesmo modo, surge também a seguinte questão diante de nós, se o desvelamento tem seu lugar no espírito como sujeito absoluto, ou se o próprio desvelamento é do lugar e aponta no lugar apenas no qual pode 'ser', na condição de um sujeito que representa, aquilo que ele é"[102].

O Pensamento de Heidegger se ocupa com uma *referência* que precede, impera anteriormente ao "se saber absoluto", à autorreferência do "espírito". Seu pensamento está a caminho daquilo "em torno de que gira tudo que é, isto é, todos os entes inesperadamente e desapercebidos no mais silencioso silêncio", "[d]aquilo que nunca se torna compreensível figurativamente", "que, no entanto, domina sem necessitar de poder"[103]. Em sua crítica do poder unilateral, no entanto, Heidegger não reconhece que o poder seja um fenômeno bastante complexo que se manifesta a cada vez segundo diferentes estruturas de mediação. De modo que o poder pode formar um domínio. Contrário a isso, Heidegger opõe o domínio estritamente ao poder: "a inquietude essencial do poder como predominação [*Über-machtigung*] condiciona que o poder seja 'vontade' de poder, e de tal modo que a vontade, na condição de ordem, se submete a essa inquietude para se manter e se fazer duradoura como tal. De acordo com essa inquietude do poder, este não pode nunca fundar domínio no sentido do imperar de leis da 'velha alegria' da essenciação do próprio seer [*Seyns*]. Todo poder é aparência de domínio [...] (*domínio* é a *charis* do seer como do seer, a dignidade silenciosa da formação amena que nunca precisa se insistir no necessitar do poder)"[104]. Heidegger tem em mente claramente um domínio da lei, um domínio do *nomos* na condição do "destinamento [*Zuweisung*] nascido no envio do ser"[105] que "está presente a cada um em seu próprio, deixando pertencer em seu pertencer"[106].

O pensamento de Heidegger se manteve um pensamento teológico. Ele não atribui diretamente a deus expressões como "domínio", "envio" ou "benevolência". Mas estão impregnadas de teológico. Para o pensamento do "essencialmente outro a todo poder" teria sido preciso se desfiliar de modo ainda mais radical do pensamento onto-teológico[107]. Por isso, também não é surpreendente que em Heidegger o "poder" de repente reapareça em forma afirmativa. De modo que ele nomeia o acontecimento legislativo também de "potente". O ser é uma "palavra poderosa, potente"[108]. Potente seria também aquela "criança real" com a qual Heidegger designa o "segredo do jogo no qual passam o ser humano e seu tempo de vida, no qual é posta sua essência"[109]. O domínio da lei que "está presente a cada um em seu próprio, deixando pertencer em seu pertencer" não é fundamentalmente diferente daquele "poder livre" de Hegel que também conhece o "bem infinito"[110] de libertar cada ente em sua *própria* determinação.

Heidegger permanece fiel a "deus". Teria que reconhecer que sob o pressuposto de "deus" nenhum pensamento livre do poder é possível. O "essencialmente outro de toda forma de poder" não pode ser alcançado, na medida em que ainda se permanecer fiel a um *substantivo* ou a um *nome* ("ser", "isso" ou "deus"). O outro do poder pressupõe uma negação radical desse cercado substantivado, a saber, um vazio. O vazio despoja do poder todo e qualquer ponto de apoio.

Heidegger também teologiza a "amabilidade" de Hölderlin, sem hesitar em transformá-la em uma "benevolência" divina. De modo que aproxima da "*charis* do seer na condição de seer": "'a amabilidade' – o que é isso? Uma palavra inocente, mas com a qual Hölderlin nomeia o adjetivo substantivado 'a pura'. 'A amabilidade' – essa palavra é, se a tomarmos literalmente, a tradução divina de Hölderlin da palavra grega *charis*"[111]. Heidegger se refere aqui ao poema tardio de Hölderlin "No azul adorável...", e sobretudo ao verso: "enquanto durar a amabilidade ainda no coração, a pura, não é em desventura que o humano se mede com a divindade"[112]. Essa amabilidade significa, segundo a interpretação teologizada de Heidegger, aquela benevolência divina que proporciona ao humano a "medida". "Enquanto durar ainda a amabilidade" se chama: "enquanto durar essa vinda da benevolência". A "pretensão de medida no coração" deve durar tanto quanto, "já que esta se volta para a medida". O humano "habita" "poeticamente" na medida em que toma medida de "deus", que dá a medida. A benevolência e a amabilidade divinas se manifestam como *Mass-Gabe*, doadoras de medida, diretrizes, às quais o poeta responde com sua *Mass-Nahme*, sua tomada de medida.

A teologização de Heidegger da amabilidade é problemática. Para Hölderlin, ela consiste em uma grandeza empaticamente humana. "Enquanto durar a amabilidade ainda no coração, a pura, não é em desventura que o humano se mede com a divindade" significa que a existência humana, a ventura humana é diferente da divina, que a amabilidade é uma forma de existência genuinamente humana que confere ao humano uma dignidade particular. Nessa dignidade, o humano se mede não desventuradamente com a divindade. "Medir-se" pressupõe uma diferença, uma relação de tensão que, contudo, é ignorada por Heidegger.

Hölderlin pergunta: "Seria deus desconhecido? Seria ele evidente como o céu? Nisso acredito mais. É do humano a medida". Então o que se segue é uma dúvida, que começa com um *doch*, palavra-interjeição sem igual em português e que aponta uma negação afirmativa, ou uma negação afirmativa do verso anterior: "*Doch*, mais pura não é as sombras da noite com as estrelas [...] do que o humano [...]". O sol não é apenas belo. Ele também faz envelhecer e decorrer: "*Doch*, também é um sofrimento quando uma pessoa fica coberta com manchas do verão, ficar todo coberto com algumas manchas! É isso que faz o belo sol: a tudo faz crescer". A partir de tais linhas se fala muito de hesitação e dúvida. Heidegger, contudo, não atenta aos usos e rupturas sutis que marcam a poesia tardia de Hölderlin. Ele também nivela o aspecto fraturado inerente à relação de Hölderlin com deus. A estranheza, a outridade estranhada de deus é neutralizada por Heidegger em invisibilidade e velamento de deus que deveria ser constitutivo para seu ser: "a medida assumida pelo poeta se envia, como o estranho ou estrangeiro, àquilo que sua essência preserva de invisível, na confiança do olhar do céu. Por isso, a medida é do caráter do céu". Como um invisível, deus se envia nas visibilidades confiadas do céu. Heidegger traduz as sombras da noite, sua negatividade que faz o céu parecer estranho, em positividade de um escuro secreto que se "credita à luz".

A voz de Hölderlin da dúvida continua também nas próximas perguntas: "há uma medida na terra?" E esta é sua resposta: "Não há nenhuma. O percurso do trovão jamais detém os mundos dos criadores". Heidegger ignora a negatividade do percurso do trovão e das sombras da noite. Segundo ele, não há medida na terra pois apenas "deus", que aparece pelo céu, é *Mass-gebend*, ou seja, doador de medida. Apenas a *Mass-Nahme*, a tomada de medida, poética torna possível a habitação humana na terra: "'não há nenhuma'. Por quê? Pois aquilo que nomeamos quando dizemos 'na terra' existe apenas na medida em que o humano habita [*be-wohnt*] a terra e no habitar deixa a terra ser terra. O habitar, contudo, acontece apenas quando o poetar se acontece e se essencializa e no modo cuja essência nós já pressentimos, a saber, como a *Mass-Nahme*, a tomada de medida para todos os medires"[113].

Hedeigger percebe o poema de modo bastante seletivo. De modo que toda a atmosfera elegíaca, o luto, que domina o poema não é escutado. As "lágrimas" de Hölderlin apontam mais propriamente para a medida ausente do que para a doação de medida divina: "Tu, belo riachinho, brilhas comovente ao deslizar tão claro como o olho da divindade pela via láctea. Conheço-te bem, mas lágrimas brotam aos olhos. Uma vida serena vejo nas figuras, que florescem ao meu redor, da criação, pois não sem razão comparo às pombas solitárias no pátio da igreja. O riso, contudo, me parece afligir as pessoas, isto é, tenho um coração". Esse coração está afinado de modo diferente do que o coração de Heidegger. Permanece atento ao finito e ao que desaparece. Nenhuma benevolência divina o anima. A amabilidade de Hölderlin "no coração" constitui algo enfaticamente humano. Ser amável se chama sobretudo: não se arrogar, *sich ver-messen*, não se medir, não ser insolente: "'gostaria' de ser um cometa? Eu acho. Pois têm a rapidez de um pássaro; florescem no fogo e são como crianças em pureza. Desejar mais do que isso não pode se arrogar a natureza humana".

Ser amável é como se chama, assim, seu "como criança em pureza". A "amabilidade", "a pureza", não é benevolência divina. É própria, ao contrário, da existência humana. Apenas na amabilidade no coração o humano se mede não desventurado com a divindade: "lutar, como Hércules, com deus é o sofrimento. E, na inveja dessa vida, partilhar a imortalidade, é um sofrimento também". A amabilidade conduz do "sofrimento que Édipo portou quando, qual pobre homem, queixou-se que algo lhe faltava". O sofrimento de Édipo não vem, portanto, porque algo lhe falta, mas porque também o "acendeu" com *um* olho. Hölderlin fala enigmaticamente como um mestre zen: "Édipo Rei tem olhos demais, talvez". Não encontra aquela "amabilidade" por isto, pois vê sempre ainda *demais*, porque cobiça. A amabilidade, ao contrário, vê *mais do menos*. Ser poeticamente se chama ser amável.

O *divino* no humano é sua amabilidade, o sim amável ao ser-assim do mundo. Nem na terra nem no céu há uma "medida". A amabilidade é a medida face à ausência de medida. É uma medida sem medida. Faz com que cada um vigore respectivamente em seu ser-assim, em seu caráter respectivo. É o fundamento de um despertar particular à finitude. "No azul adorável..." termina significativamente com o verso: "Viver é morte, e morte também é um viver".

A teologia do poder

> *"Filho de homem, alimenta teu ventre*
> *e sacia as entranhas com este rolo que*
> *te dou," Eu o comi, e era doce como*
> *mel em minha boca.*
> Ezequiel

> *DEUS como lugar vazio...*
> *Sim, DEUS como vazio do vazio,*
> *ausência da ausência.*
> Edmond Jabès

Há uma relação muito íntima entre deus e o poder. Em uma anotação, Canetti o traz à linguagem: "um pensamento sem poder, sob pressuposto de deus, é impossível"[114]. O pensamento que deseja a deus se realiza necessariamente no poder. Um pensamento sem poder só é possível fora da cumplicidade entre *theos* e *anhropos*. De modo que o pensamento de Hegel permanece preso já devido à sua constituição teológica do poder.

A religião não está necessariamente vinculada a deus e ao poder. O despertar ao infinito, que é uma experiência genuinamente religiosa, não está sempre animado pelo desejo de poder. O infinito ao qual se ex-pande a consciência finita, a consciência da dor, *pode*, mas não deve assumir a forma de um poder infinito. O poder não é o elemento exclusivo da infinidade. De modo que é pensável uma *religião da amabilidade* que busca o infinito, o ilimitado, justamente fora do poder, fora da cumplicidade entre *theos* e *antropos*.

Para Hegel, contudo, o poder constitui a "determinação fundamental" da "religião em geral" (16.341). De modo que ele descreve as diversas formas da religião consequentemente pela lógica do poder. Já a "completamente primeira forma da religião", a saber, a "magia", é interpretada como uma práxis de poder. Consiste da convicção de que "*o espiritual é o poder sobre a natureza*" (16.278). A magia "se sabe superior" do que a natureza. Sua autoconsciência é a "consciência de si como poder sobre o poder da natureza *universal* e sobre as modificações da natureza". O *"estado superior"* da consciência no qual a magia se instala é um estado de poder. Com o apelo, também se exerce poder. É o meio de poder do sem poder: "[...] com o apelo se reconhece que se está no poder do outro. O apelo é, portanto, frequentemente difícil, pois reconheço precisamente por isso a violência do arbítrio do outro em consideração a mim. Mas se reivindica o efeito; o apelo deve ser igualmente o poder que é exercido sobre o outro; ambos se misturam, o reconhecimento da supremacia do objeto e, em contrapartida, a consciência de meu poder, segundo o qual quero exercer supremacia sobre esse objeto" (16.292). Também os "milagres" na religião cristã são explicados por Hegel segundo a lógica do poder. São "resultados, em geral, do poder do espírito sobre o contexto natural", a "intervenção no curso e na lei eterna da natureza". Hegel acrescenta, em seguida: "mas, *em geral*, esse milagre é o *espírito*, essa *intervenção absoluta*" (17.316).

A comunicação religiosa não é, sem dúvida, completamente livre do cálculo de poder. Mas contém dimensões que se evadem da economia do poder[115]. O poder não é a "determinação fundamental" da religião. Genuinamente religiosa também não é aquela experiência extática, na qual se submerge em uma *continuidade do ser*. É o "retorno ao momento" no qual a pessoa "era um com o universo e não se diferenciava nem das estrelas, nem do sol"[116]. Esse devir-um com o mundo, esse retorno-ao-mundo não é um estado do poder, pois este trabalha pelo retorno-a-si, ou seja, pela continuidade de si mesmo. A "festa" religiosa também tem uma dimensão de desconfinamento, de expansão, que provoca uma continuidade: "a festa é a fusão da vida humana. É, para a coisa e o indivíduo, o cadinho no qual flui as diferenças pelo ardor intenso da vida íntima"[117].

Hegel conecta cada religião respectiva com uma representação determinada de poder. Na religião panteísta, a "unidade que fica no início" é o "poder do qual tudo parte e no qual tudo retorna" (16.370), ou seja, o "poder da substância" que "é[e] *não é* as coisas" (16.316). Deus é aqui, por isso, poder, pois é "substância". A elevação religiosa ao indiferenciado é a passagem do acidental ao substancial. Deus é um "poder substancial". O humano que se sabe algo dependente, algo contingente, se aproxima de um ser que "é o poder, pois esse algo contingente *é* e *não é*" (16.308). Falta, contudo, à religião do "poder substancial" um conteúdo que ultrapassa a determinação abstrata de ser e não-ser. É um "*poder vazio, sem finalidade* em si". De modo que o mundo incorre em uma "vertigem sem parada" (16.338). A imaginação vertiginada sem qualquer parada conceitual cria "distorções atrozes, repulsivas e repugnantes" (16.339). Não há "nenhuma festa, nada se dá forma à beleza". De modo que deus é experimentado na religião indiana da fantasia como um "poder surdo que corresponde também ao animal e a este em sua surdez apática completa" (16.373). A consciência na origem dessa religião não é capaz da transparência conceitual. O humano não está aqui, diz Hegel, "na *concentração da ausência de consciência*, além disso, tão distante do animal [que não é um] espírito consciente". Incorre em uma "surdez apática na qual, não obstante, resta meramente a *vivacidade do animal*". Hegel acredita que, entre os indianos, não é possível constatar um sentimento de si superior. Eles não têm "em si liberdade, [não têm] a autonomia verdadeira do espírito". Tateiam, cambaleantes e surdos, pelo mundo. O limite entre o humano e o produto da natureza flui de maneira ameaçadora. O humano "não é indiferente às coisas exteriores [pois] não tem liberdade em si, não tem a autonomia verdadeira do espírito".

À religião indiana, Hegel atesta, não obstante, uma "bela simpatia" e "generosidade". Ela não distingue rigorosamente entre ser humano e natureza. Tudo é "antropomorfizado", de tal modo que o ser humano "se transforma" em natureza "entre seu igual", "conferindo a tudo a bela sabedoria que ele mesmo tem e, assim, abraçando tudo em seu peito como animado" (16.371-16.372). Hegel, contudo, atribui essa "bela simpatia", essa "amabilidade e alegria na relação do humano com a natureza" (17.61) à autoconsciência não consolidada, ou seja, ao fato de que "o humano ainda não tem em si o conteúdo da liberdade do eterno, ainda não conhece sua determinação superior como o conteúdo de uma fonte e de uma árvore" (16.372). O belo *sym-pathos*, que promove a continuidade e a proximidade, é interpretado por Hegel como expressão de um estado do espírito que deve ser superado. Desejado é, portanto, um "acordar sucessivo" da consciência, a "*elevação de seu si mesmo* sobre *os estados* da *unidade imediata* com a natureza*" (20.505).

As carências inerentes àquele "*poder vazio, sem finalidade* em si" (16.316) são corrigidas nos próximos "avanços" da religião, na medida em que o poder é representado como algo que se define a si mesmo. Gera, a saber, desde si mesmo representações de finalidade, manifestando--se como atividade de acordo com fins, a saber, como "sabedoria". O poder abstrato da substância *se subjetifica* em um "poder sábio". O poder supera, com isso, a abstração de uma substância, e aparece como um sujeito "que age", que *se* expressa. Deus não é, então, *qualquer* um, mas *o* um que *se* manifesta, na medida em que põe um mundo, que tem fim em si. Deus é "espírito que é poder que atua segundo fins" (17.44).

Onde deus é pensado como sujeito, o mundo não emana simplesmente dele. No lugar da emanação, aparece a criação como atividade do sujeito. A criação do mundo é descrita por Hegel novamente a partir da lógica do poder. Primeiramente, Deus repousava sem expressão e manifestação em si. Esse poder mudo, sem forma, em seu "silêncio e encerramento eternos" é, contudo, "apenas um momento do poder, não o todo". Saindo de seu "encerramento", transpõe o mundo e se identifica com ele como algo "seu". O mundo é uma autoexplicação do poder divino que rompe expressivamente com aquele "silêncio" inicial. A autorrelação do poder é, por isto, "negativa", porque se relaciona consigo por meio do outro posto por ele: "o poder é igualmente *relação negativa consigo mesmo*, mediação em si, e, na medida em que se relaciona negativamente e a si, é, então, essa suprassunção da identidade abstrata o pôr da diferença, da determinação, ou seja, a criação do mundo". Deus volta no outro a si mesmo por si mesmo. Apenas em virtude dessa autorrelação expressiva é que deus é espírito. De modo que deus é mais do que um progenitor do mundo, mais do que uma atividade "*que transcende*, que se expande de si mesma" (17.368). É por isto espírito, porque sua expansão no outro, na existência exterior, se mostra como um retorno-a-si. O espírito como subjetividade *se* determina, na medida em que *põe* a existência exterior expressamente como sua *própria* figura e, com isso, retorna a si: "esse poder universal que está ativo agora como autodeterminação, a ele podemos chamar de *sabedoria*. [...] Essa autodeterminação se *contém* na existência exterior [...]. Na medida em que se revela – e ela deve se revelar, a subjetividade deve se dar realidade –, é, então, apenas a autodeterminação livre que se contém na realização, na existência exterior, na naturalidade" (17.13).

O espírito como "subjetividade" é constitutivo, é verdade, para a religião grega. Mas ele se dispersa ainda na multiplicidade de sujeitos e fins. Falta-lhe o "*um* poder", a "*uma* sabedoria", a "*uma* ideia" (17.160). O deus dos gregos não é o "espírito livre *absoluto*", mas o "espírito na sabedoria *particular*, em limitação humana, ainda dependente como uma individualidade determinada por condições exteriores" (12.299). O traço silencioso do luto que envolve os gregos é um sinal da não liberdade. Pressentem "que haja algo mais elevado sobre eles e que seja necessária a passagem das particulares à sua unidade universal". Essa unidade mais elevada se priva, contudo, ao entendimento. É o "elevado em geral que deus e os humanos dominam, mas que permanece incompreensível e carente de conceito para si" (14.109). De modo que os gregos se veem sem poder diante da "fatalidade", do "destino não conceitualizado". Podem se tornar livres apenas na medida em que digam sim ao ser-assim. Àquilo que *é assim* não é lançado nenhum "isso *deve* ser": "*é* assim, pois não há nada que se possa fazer contra isso, tenho que me fazer desfrutar" (17.110). Essa liberdade, contudo, é abstrata, não é uma "liberdade concreta e positiva": "[...] pode-se renunciar àquilo que não é cumprido. *É* assim; com isso, se retirou na abstração e *seu* ser não se opõe a isso [ao "*é* assim"]. A libertação é a identidade da vontade subjetiva com aquilo que *é*; o sujeito é livre, mas apenas de modo abstrato" (17.132). Não é esperado qualquer consolo, pois se "abriu mão completamente do que foi perdido" (17.111).

Vale fazer "o coração em sepulcro do próprio coração", para que a violência do destino caia no vazio: "então, na medida em que o coração renuncia a si mesmo, não abandona nada da violência na qual ele a poderia abarcar; aquilo que é dilapidado é uma existência sem coração, uma exterioridade, na qual as próprias pessoas não estão mais; tirou de lá onde estava aparafusada" (17.458).

O é-assim, diante do qual o ser humano se "petrifica" (14.203), fazendo seu coração virar sepulcro do coração, se parece com aquela "*necessidade da natureza*" que deve ser superada, aquela "representação uniforme e demorada na largura: *é assim*". O é-assim, no qual a natureza está lançada, constitui uma contrafigura do espírito, de sua liberdade. O sim dos gregos ao ser-assim do destino é um sinal de não liberdade espiritual. O espírito se torna livre no momento em que o é-assim cede ao eu-quero-assim: "a autoconsciência ainda não chegou nesse tempo [entre os gregos] à abstração da subjetividade, ainda não chegou ao fato de que um 'eu quero' do próprio ser humano deve ser pronunciado sobre o que precisa ser decidido.

Esse 'eu quero' constitui a grande diferença entre o mundo antigo e o moderno" (7.449).

Esvaziar o coração não é, para Hegel, a atividade suprema do espírito. O traço essencial do espírito consiste justamente em "estar consigo não no vazio, mas no querer, saber e fazer" (16.361). Perante o poder não conceituado do destino, a existência não é livre, não está completamente consigo mesmo: "quem não sabe não é livre, pois diante dele está um mundo estranho, um mais além e mais adiante, do qual ele depende, sem que tenha feito para si mesmo esse mundo estranho e estrangeiro, e, desse modo, esteja nele como em algo seu, consigo mesmo" (13.135). Em vez de querer mais, em vez de se querer, a existência grega se resigna com o é-assim. O antropomorfismo grego, segundo Hegel, "não avançou o suficiente", pois "a alegria grega natural ainda não se desenvolveu até a liberdade subjetiva do eu-mesmo, ainda não chegou nessa interioridade" (12.393).

O sim grego ao é-assim se efetua sem conceitos. Frente ao que não foi conceituado, contudo, nenhuma liberdade é possível. O poder do destino não é, assim, poder livre, libertador. Não permite uma "transfiguração da necessidade em liberdade" (8.303). Uma liberdade efetiva é o *pensamento* da necessidade", a "libertação" que não é a "fuga da abstração" no sim vazio. Consiste em "ter seu próprio ser e pôr" na necessidade (8.306).

O eu-quero infinito que liberta não pode, contudo, virar indeterminado, não pode virar algo arbitrário. Deve, ao contrário, querer o necessário como a lei e o posto, como *sua* lei, *seu* posto. Essa lei que, ao contrário da fatalidade sem conceito, não conceituada, é acessível à compreensão é um outro é-assim, não aquele ser-assim perante o qual a pessoa se faz "petrificar", mas um é-assim libertador. O caminho da não liberdade para a liberdade é o do é-assim a um outro é-assim, da pedra, portanto, à lei. O eu-quero coincide aqui sem restos, completamente, com o sim ao é-assim. A palavra suprema do poder não é um não, mas um sim. O "poder *livre*" brilha no sim da "submissão"[118]. Todo não, ao contrário, limita o poder.

O poder do "um", do sujeito divino que se manifesta assume a forma de uma dominação.

Deus se apresenta como senhor que domina o outro, ou seja, o mundo por ele posto. O "progresso seguinte" da religião consiste em que o poder dispa seu caráter de dominação. Deus "se manifesta, na medida em que põe seu outro diante de si" (17.93). Esse outro, contudo, é "sua imagem". De modo que avista a si mesmo no outro. Fosse esse algo outro, ou o outro, um escravo, deus não poderia reconhecer a si mesmo nele, pois deus não é um escravo. Deus, como "espírito livre", vê a si mesmo refletido apenas no humano livre: "[...] o sujeito cria apenas a si mesmo, e aquilo ao qual ele se determina é, novamente, apenas ele mesmo; para que, contudo, seja efetivamente determinado como espírito, deve negar esse outro e voltar a si mesmo, pois apenas na medida em que sabe a si mesmo no outro é que é livre. Mas se deus se sabe no outro, então da mesma forma o outro é, com isso, para si e se sabe livre" (17.93). O sujeito "cria apenas a si mesmo". Essa formulação diz muito sobre a concepção de Hegel do poder. Quem cria apenas a si mesmo, está sempre em si mesmo. Deus é poder na medida em que "cria em si mesmo e

164

contém o criado em si". O poder o habilita a repetir a si mesmo. De modo que o "criado", isto é, a criatura, não como um estranho ou estrangeiro, mas como "seu filho" (17.54).

Na religião da liberdade "o ser humano sabe o humano como um momento do próprio divino e é, então livre em sua relação com deus" (17.95). A liberdade perante deus consiste na identidade com ele. O ser humana avista a si em deus. E deus avista a si no ser humano: "[...] o ser humano se sabe em deus, e deus e o ser humano dizem um do outro: é espírito de meu espírito. O ser humano é espírito como deus; tem, é verdade, a finitude e a separação nele, mas na religião suprassume sua finitude, pois é o seu saber em deus" (17.96). A "religião completada" é uma religião na qual aquela máxima "és espírito de meu espírito" vale ilimitadamente: "é a religião completada, [...] a *cristã*. Nela, estão indissociáveis o universal e o espírito individual, o infinito e o finito; sua identidade absoluta é essa religião e o conteúdo dela" (17.189).

Hegel interpreta a religião cristã também constantemente segundo a lógica do poder.

Deus "manifesta que é o poder", põe o outro e o "anula e, nisso, está consigo mesmo" (17.194). Divide-se e *se* partilha ao pôr o outro. Uma vez que esse outro é um momento, uma *parte* de si mesmo, *sua* parte, permanece no outro em si mesmo. Seu poder consiste em que não sofre nenhuma separação "na divisão", mas "retorna a si sem divisão" (17.189). Deus é esse "poder que se dirime e que retorna a si" (17.234). O "eterno movimento" de deus é esse retorno-a-si. Somente o poder põe a salvo esse automovimento absoluto, esse círculo em torno de si mesmo. Deus é outro nome para o prolongamento ilimitado do si mesmo no outro. É Ele mesmo em qualquer parte. Esse poder-estar-em-si-mesmo-em-qualquer-parte é o que fascina do poder: "deus é livre, porque é o poder de ser Ele mesmo" (11.373). Seria possível dizer também: sou livre na medida em que sou o poder de ser Eu Mesmo. O poder gera essa continuidade afortunada de si mesmo.

Hegel enfoca o poder não pelo domínio, mas primariamente pela liberdade. O domínio é, para Hegel, um estado no qual o outro simplesmente está subjugado ou liquidado. "o poder absoluto não domina; no domínio o outro se afunda" (6.416). De modo que a suprema expressão do poder não é a dominação total do outro, mas a "libertação do outro". Esse relacionamento estreito entre liberdade e poder tem como consequência, contudo, a subsistência de uma relação de serviço. Deus é o "deus *das pessoas livres*". Estas são livres, contudo, "em sua obediência": "é isso a libertação do outro, como uma liberdade, autônomos; a liberdade recai, então, primariamente no *sujeito*, e deus permanece na mesma determinação do *poder* que é para si e que libera o sujeito. A diferença ou a determinação seguinte a ser acrescentada, parece, assim, consistir apenas em que as criaturas não estão mais meramente servindo, mas têm no próprio serviço sua liberdade" (17.93). A religião cristã é uma religião da liberdade. O sim ou "amém" ao é-assim coincide completamente com o eu-quero, pois o sim ao outro aqui é um sim a si.

O domínio é violência por isto, porque, seria possível dizer, não é suficientemente enternecedor ou avassalador, porque ainda não é poder. Segundo Hegel, é justamente o poder que transforma o domínio em liberdade. Onde o poder impera, não assola qualquer violência. No campo do poder, não há nenhum outro que deveria ser submetido ou dominado, pois, na corrente do poder *arrebatador*, tudo se deixa *arrebatar junto*. Nada persevera na outridade fechada ou oculta em si, que para ser aberta seria preciso o uso da *violência*. Quem se deixa *arrebatar*, não é nem dominado, nem violado. É livre em sentido particular. O poder *arrebata*, é verdade, tudo *consigo*. Mas esse arrebatar-se-com *arrebata*, ao mesmo tempo, tudo *consigo*. A magnificência [*Herrlichkeit*] não consiste em domínio [*Herrschaft*]. Não é *magnífica* [*herrlich*]. Ser-*sublime* [*Hehr*-sein] não é algo idêntico do que ser-senhor [*Herr-sein*]. Pode-se falar eventualmente da violência no sentido de que o poder é *avassalador*. Mas esse poder avassalador, diria Hegel, não é violento, não é agressivo. Não viola o outro. Onde o poder ganha espaço, ao contrário, tudo se arranja [*fügt*] em seu arranjamento [*Gefüge*], ou seja, tudo se submete ou se adapta ao seu padrão, à sua estrutura – e, pior, de *livre* e espontânea vontade.

A acusação de que Hegel esboça uma teologia do domínio não o atinge de todo. A crítica a Hegel deveria proceder muito mais diferentemente, atacar mais fundo, pois é justamente a *pretensão* de Hegel pensar deus sem domínio, tornar pensável uma religião da liberdade. Questões de natureza mais fundamentais deveriam ser postas: o poder é de fato a "determinação fundamental" da "religião em geral"? *Toda* religião é *teo*-lógica? Há uma *teo*-logia que seja que *não* seria uma teologia do domínio?

A representação da substância está ligada à do poder. E o poder aprofunda a interioridade subjetiva. O outro do poder pressupõe um es-vaziamento, uma *des-interiorização* do ser. A ideia de uma religião da amabilidade se aproxima muito da religião budista, na medida em que esta nega radicalmente a substancialidade do ser. Mas Hegel toma do budismo a amabilidade, na medida em que a força a caber nas categorias teo-lógicas de "substância", "essência", "deus", "criação", "poder" ou "domínio". Todos esses conceitos negam o budismo. Justamente nisso consiste a negatividade radical do "não" budista.

O não budista significa que nada persevera em si, que nada se obstina em si. Torna impossível o encerramento ou a condensação substancial. O escândalo do budismo de Hegel consiste em que ele substancializa esse nada des-substancializado, em que ele conceitua o vazio como cheio. Com isso, falseia o budismo, essa religião do vazio, em uma "religião da substancialidade". Ocupa o vazio do nada com conteúdos substanciais. O nada é, para Hegel, o "um abstratamente consigo" que está em "descanso eterno e [é] imutável em si" (12.211), a "essência suprema", o "que é em si", "o que descansa e persevera em si". Ora, Hegel faz do nada um princípio de surgimento: "tudo veio do nada, no nada tudo retorna. O nada é o um, o início e o fim de tudo" (16.377). O nada budista não é uma entidade onto-teológica que faz surgir algo. Ele *mesmo* é *vazio*. Desse *vazio do vazio* remonta, ao fim e ao cabo, também o *ethos* budista da amabilidade.

A substancialização do nada leva necessariamente à sua teologização. De modo que Hegel interpreta o nada como um sinônimo de deus: "à primeira vista, deve chamar atenção que o humano pensa deus como nada, o que parece ser a maior esquisitice, mas visto mais de perto essa determinação quer dizer que deus é completamente *um nada determinado*, o indeterminado; não é uma determinação de qualquer que seja o tipo que corresponde a deus, ele é infinito; e tanto que deus é a negação de tudo que é particular" (16.377). O nada budista não é uma transcendência que, como na teologia negativa, se exime de toda e qualquer determinação. Não há um declive gradual de ser entre o nada e o ser. O nada designa apenas que tudo é vazio, que não há qualquer recinto substancial. O nada não é deus. O contrário é válido: *também* deus é nada, ou seja, vazio.

O pensamento onto-teológico vincula necessariamente uns com os outros substância, deus e poder. De modo que Hegel substancializa também o nada budista em poder divino. O nada é o "poder substancial que rege o mundo, origina tudo e faz devir segundo o contexto racional" (16.378). É "poder, domínio, a criação e a conservação do mundo, da natureza e de todas as coisas – o poder absoluto" (16.375-16.376). Deus é substância. Substância é poder. Deus é poder, portanto: "deus é o poder absoluto, devemos dizer, *único* poder; tudo que se permite dizer de si, que é, que tem efetividade, é suprassumido, é apenas um momento do deus absoluto, do poder absoluto; apenas deus é, apenas deus é a única efetividade verdadeira. Isso também é o fundamento em nossa religião da representação de deus" (16.380-16.381). O nada budista é na realidade algo completamente diferente do poder. Onde não há mais nenhuma continuidade e concentração substanciais, nenhuma interioridade subjetiva, nenhuma contração a si, onde não há nada que persevera, não surge também nenhum poder. O nada significa que não há nada no qual o poder poderia agarrar. O vazio do nada faz tudo fluir, se jogar uns nos outros e refletir uns aos outros. Destrava a rigidez. Nisso consiste sua amabilidade.

Segundo Hegel, o budismo não ultrapassa a "religião natural" por isto, porque Buda, uma pessoa natural, é "adorado" imediatamente como deus. De modo que surge a contradição de que o absoluto se torna objeto de adoração "na figura *dessa* uma pessoa" (16.382). Na religião cristã, deus, é verdade, é "adorado na figura de uma pessoa humana". Essa adoração tem um caráter bem distinto, segundo Hegel, pois a pessoa humana que "sofreu, *morreu*, ressuscitou e viajou em direção ao céu" "não [é] o humano na *existência imediata*, sensível, mas aquele que porta em si a *figura do espírito*" (16.378). Buda, ao contrário, é uma "pessoa humana natural". Esse, para Hegel, o "contraste mais descomunal" de que "o absoluto deve ser adorado na finitude imediata do ser humano".

A outridade da religião budista perante o budismo de Hegel fica evidente sobretudo no zen-budismo em particular. Seria completamente incompreensível para Hegel algo como a solicitação do mestre zen Linji de matar Buda: "se encontrar Buda, mate Buda [...] então alcançará pela primeira vez a libertação, não ficará mais aprisionado às coisas e atravessará tudo livremente"[119]. Vale, portanto, que se deve chegar à compreensão de que também Buda é *vazio*. O mestre zen Yunmen evidentemente sabia como se deve atingir a paz sem limites, a amabilidade ilimitada. Recomenda-se a destruição do sagrado: "imediatamente após seu nascimento, Buda apontou uma mão em direção ao céu e a outra em direção à terra, deu sete passos em círculo, olhou em todas as quatro direções do céu e disse: 'no céu e na terra sou o único adorado'. Mestre Yunmen disse: 'se eu tivesse vivenciado isso naquele tempo, o teria derrubado com uma paulada e o jogado aos cães para ser comido – uma ousadia sublime para a paz na terra"[120]. Nega-se aqui o *nome único*, "o um". Essa destruição do nome é, ao mesmo tempo, uma virada radical contra o poder, pois esse reside no nome. De modo ela que constitui uma "ousadia sublime para a paz na terra".

A negatividade do não promove, segundo Hegel, uma "interioridade" referente a si mesma que é o "poder de transformar toda objetividade em um negativo". Sobra apenas a autorrelação pura, a saber a "*vaidade*" (16.386). Por conseguinte, a meditação budista se dedica a um autodesfrute vaidoso. Ela é, para Hegel, uma "auto-ocupação consigo", um "retorno em si", ou uma "aspiração-a-si-mesmo" (16.385). Essa autorrelação absoluta é uma forma de imortalidade: "o pensamento da imortalidade reside em que o ser humano é *pensante*, em sua liberdade está consigo mesma; desse modo, é completamente independente, um outro não pode irromper em sua liberdade; relaciona-se apenas consigo mesmo, um outro não pode se fazer válido nele" (16.387-16.388).

No budismo, a liberdade não é atingida pelo caminho de uma interioridade absoluta. Não se deseja a alegria da autorrelação total, na qual o outro estaria completamente redimido. O objetivo da meditação budista não é a liberdade do "que é apenas em si, que se move apenas em si". Ao contrário, o que se faz é meditar para fora *de si*, *se* livrando *de si*. Não se trata de se afundar em um espaço interior do eu, estar longe do outro, completamente consigo mesmo, completamente *dentro*, mas de estar livre de si mesmo completamente *fora*, ir ao outro, sem seguir junto consigo, ou seja, de ser amável, amistoso.

O que, segundo Hegel, falta completamente à religião budista é a "subjetividade que é poder em si". O que é ausente é, a saber, "*o um*" que é "totalmente *excludente*", "não tendo um outro ao lado dele, não suportando nada ao seu lado que tivesse autonomia" (17.46). O vazio do nada budista não permite a contração a si, ou seja, a formação de uma interioridade excludente. Em oposição àquela subjetividade que é "totalmente *excludente*", o vazio é *completamente receptivo, acolhedor*. Nisso consiste sua amabilidade.

O conceito budista de "habitar lugar nenhum" se volta contra à domiciliação rígida da substância e contra a domiciliação do sujeito. É a contrafigura do "espírito" hegeliano, que está consigo *em casa* em qualquer parte. Quem habita lugar nenhum não conhece o retorno-a-si obsessivo. Também consigo mesmo está como *convidado*. Desse ser-convidado, dessa renúncia ao desfrute de si do estar-em-casa, desperta a amabilidade universal que representa o *ethos* do budismo.

A filosofia de Lévinas também pode ser interpretada pela tentativa de desenvolver um pensamento sem poder, de pensar deus para além do poder, para além da substancialidade, para além da obsessão do retorno-a-si. O poder é a capacidade de estar no outro consigo mesmo. Gera uma continuidade de si. A impotência significa, consequentemente, que estou completamente entregue ao outro, que o outro invade em meu interior sem meu consentimento, me colocando, com isso, em uma passividade radical, destruindo minha liberdade. Desse modo, a maximização do poder significa a minimização da passividade e da exposição. O poder infinito gera uma liberdade infinita, uma interioridade absoluta, da qual todo exterior é amortizado. Lévinas conhece essa lógica fundamental do poder: "ser essa força essencial do humano ou esse ânimo [...] se revela concretamente na preservação de sua identidade contra tudo que seu autocomedimento ou seu *para si* quereriam modificar, se revela na recusa da identidade humana de estar sujeito a todo tipo de influência que seria exercida sobre si sem seu consentimento. [...] Atividade, entretanto, que não pode ser notada, o que ameaça aliená-lo. O não-notado ou o reconhecimento do *outro* como circunstância permite exceder a finitude: o saber do entendimento que se alça à *razão* expande o poder ao infinito e eleva, com a filosofia de Hegel, à pretensão de não deixar nada mais de fora que seja outro". O poder habilita o "espírito" a atingir uma interioridade absoluta que não é efetivada em um "fora", sendo, desse modo, completamente Ele Mesmo, estando no "fora" completamente dentro, ou seja, no interior de si mesmo. A essa imanência de si mesmo Lévinas opõe a "transcendência", a "ênfase na exterioridade"[122], o "fora", no qual não é mais possível nenhum estar-consigo, nenhum retorno-a-si, nenhuma concentração-em-si. O despertar a esse "fora" é, para Lévinas, uma experiência genuinamente religiosa. Ela rompe com a interioridade, o interior.

Lévinas marca posição contra aquele programa filosófico que procura "enfiar o religioso em uma filosofia da unidade e da totalidade do ser chamado de *espírito*". Contra esse modelo hegeliano da religião, Lévinas procura pensar para além do ser, a saber "*interrogar um deus não infectado pelo ser*"[123], estabelecer um deus ao "arrepio da substancialidade"[124]. Resulta desse deus pensado nem como substância, nem como sujeito, essa experiência completamente outra do religioso, e é nisso que reside o particular do pensamento levinasiano, a "proximidade" ou o "bem" do "para-o-outro". O ser é para Lévinas sempre um ser-próprio, ou seja, um retorno-a-si que pode ser deixado apenas na passividade ou exposição perante o outro, no "para-o-outro" incondicional.

Lévinas tem em vista uma dimensão da passividade que é *mais passiva* do que a matéria. A passividade da matéria seria ainda um fenômeno do ser. O aprofundamento da passividade deixa descoberto e livre um âmbito *antes* do ser. O átrio do ser é um lugar ou um não-lugar onde o ser-próprio vira radicalmente um ser-para-o-outro. Nesse átrio do ser, me *rasgo antes* de qualquer ser-consciente, *antes* de qualquer ser-próprio, em uma "responsabilidade" pré-consciente pelo outro. Apenas com o *rasgo* na consciência, nessa forma particular de *impotência*, de não-poder, até mesmo de *ausência*, se está no "vestígio" de deus. Deus habita esse rasgo particular, essa ferida na consciência. No rasgo, todo ser-próprio é arrancado. Torna-se impossível o retorno-a-si. No rasgo, estou radicalmente *em outro lugar*. Ele "des-localiza" o eu[125]. Esse outro lugar não é, segundo Lévinas, um deserto, mas o "bem pelo qual o eu é retirado de seu retorno compulsivo a si mesmo"[126], a "responsabilidade", na qual "o sujeito se estranha no mais interior de sua identidade"[127]. Sou bom em sentido enfático apenas ali onde é absolutamente impossível retornar a mim. Onde eu me sou arrancado, onde surge um rasgo em minha consciência, no ser, ali está deus. Deus me procura em minha exposição absoluta perante o outro que se manifesta como para-os-outros. O deus de Lévinas seria, portanto, algo completamente diferente do "espírito" hegeliano que se recupera em toda parte, em toda parte habita a si mesmo.

À religião hegeliana do espírito, do poder e da liberdade, Lévinas opõe uma religião do "refém" [*Geiselschaft*]. O "refém" [*Geisel*] é uma contrafigura do espírito [*Geist*]. Em oposição ao espírito, o refém está entregue ao outro, e ainda sem qualquer possibilidade de se recuperar para si diante do outro. O "espírito" de Hegel é um nominativo poderoso que está sempre decidido para *si*. Seu poder zela por uma postura reta. O "refém", ao contrário, *está sujeito* a ser *declinado* em "acusativo". De modo que Lévinas empreende uma alteração abrupta de caso, a alteração do nominativo para o acusativo, do poder à impotência, do "espírito" ao "refém", do *Geist* para o *Geisel*. O "peso"[128] da "responsabilidade" *declina* o sujeito em acusativo, o ser-próprio em ser-para-o-outro. A responsabilidade seria, assim, algo completamente diferente da retidão.

Lévinas não abdica de deus. Este brilha pela ausência. Em retirada, se condensa sua presença "misteriosa". O vestígio de deus "se torna visível e se esfuma"[129]. Lévinas chama repetidamente a atenção a essa presença particular, noturna, de deus: "no espaço como em um vazio que nada não é, mas que é como a noite, se mostra de modo misterioso, como uma luz intermitente, esse vestígio do infinito [...]"[130]. Como um "escrito impronunciável"[131] se mostra apenas em retirada. Aproxima-se dela a linguagem apenas "na dor da expressão"[132]. Essa retirada e recuo completos resguardam uma presença noturna de deus que se manifesta para se recolher novamente em sua ausência misteriosa. Deus domina não apenas onde a luz se estende, mas também a escuridão. Ao contrário do vazio budista, *vazio* ele mesmo, o "vazio" de Lévinas é outra coisa do que vazio. Uma teologia do mistério ou da noite o condensa em uma presença extraordinária de deus que se anuncia em retirada.

Toda a passividade que Lévinas invoca não vale, está claro, para seu deus. Ele *domina*. Lévinas fala do "domínio de um *rei* invisível" (*Règne dún Roi invisible*), de um "deus não tematisável", um "deus não-contemporâneo, ou seja, não-presente"[133]. O conteúdo positivo desse "domínio de deus" é o "bem que domina em sua bondade". Trata-se aqui de um poder, que *reina e impera*, do "pronome" (*pro-nom*) que "imprime seu selo em tudo que tem nome"[134]. Não é, está certo, nem o poder da substância, nem o do sujeito ou do espírito. Mas como seria possível descrever de modo mais preciso esse poder do selo? Lévinas introduz aqui algo que deveria ter deixado de lado? Por de trás da "retirada" e do "vestígio", se restitui um poder extra-ordinário que se sobressai além da estrutura (de poder) onto--teológica, que descobre um "cansaço" (*lassitude*)[135] particular. Ao deus hegeliano da liberdade se opõe um deus do cansaço, do cansaço extraordinário, sublime e arrebatador.

Apesar de toda diferença em relação a Hegel, Lévinas sublinharia em sua tese que o objeto da religião é "deus e nada como deus". Para Lévinas, uma religião também seria completamente impensável sem deus. Por de trás de seu "acusativo", se eleva um nominativo poderoso, um "ele", um "pro-nome" ainda mais poderoso do que aquele nome habitual. Não há pensamento sem poder e domínio enquanto não se abdicar de "pro-nomes". A amabilidade se deve justamente à experiência de que também o "pro-nome", também o "ele" é *vazio*. Lévinas deveria ter reconhecido que, sob o pressuposto de deus, nenhum pensamento sem poder, nenhum pensamento da amabilidade, é possível. Nem o espírito hegeliano, nem o refém levinasiano, nem o nominativo, nem o acusativo são amáveis. A amabilidade abandona o próprio caso. Eleva-se sobre *declinações*.

Table d'hôte[136]

> *Uma pessoa*
> *E uma mosca*
> *No espaço*
> Issa

Uma crítica comum ao conceito hegeliano de "todo" é que este oprime e domina o indivíduo. Essa crítica, contudo, não é adequada nem justa à ideia de Hegel da totalidade. Esta não é uma formação de domínio que deveria ser preservada apenas com violência. Ao contrário, apenas a partir dela é estabelecido um *espaço* de movimento e de atividade ao indivíduo, tornando, com isso, possível a liberdade em geral apenas a partir dela: "O todo é [...] o um que contêm em si as partes atadas em sua liberdade; divide-se nelas, dando-lhes sua vida universal [...]. Isso é posto de tal modo que elas têm nela seu ciclo independente que, contudo, é a suprassunção de sua particularidade e o devir do universal" (9.368). Desse modo, o todo é primariamente uma figura da mediação, um "equilíbrio silencioso de todas as partes" (3.340) que as sustenta e une. Pode ser criticado, no entanto, a forma da mediação, da união. O "todo" hegeliano constitui, de fato, uma unidade orgânica, um contínuo orgânico. Devido à sua interioridade e condensação orgânicas, possui pouca abertura. Entre-espaços seriam pensáveis aqui apenas como espaços vazios.

É orgânica uma formação "na qual as partes são não para si, mas apenas pelo todo e no todo" (4.30). As partes se contraem em uma totalidade orgânica. O poder da interioridade orgânica é essa contração, essa via a si. Ele *anima* as partes em *elos e membros*, criando uma totalidade estruturada por elos: "desde há certo tempo as pessoas têm se organizado desde cima, e essa organização foi a determinação principal, mas o inferior, o massivo do todo foi deixado levianamente mais ou menos inorgânico; mas é sumamente importante que se torne orgânico, pois apenas assim é poder, é violência, senão é apenas um monte, um amontoado de átomos estilhaçados. A violência legítima existe apenas no estado orgânico das esferas particulares" (7.460). Organismo e amontoado seriam, para Hegel, duas formas de ser. Apenas o poder transforma o amontoado em um organismo; a totalidade orgânica surge perante as partes não como "violência" totalitária. É, ao contrário, o poder *imperante*, a saber, a *violência* em sentido específico, o poder que se impõe, abarcante e englobante que, sem qualquer "violência", "separa simplesmente a multiplicidade abrangível, estruturando em elos regulares, dividindo simetricamente, tanto se movimentando como colocando fixamente na mais gratificante eurritmia, englobando sem obstáculos essa amplidão e extensão de singularidades coloridas na mais segura das unidades e no mais claro ser-para-si" (14.331-14.332). Como *poder imperante*, a "violência legítima" gera um contínuo orgânico. Ela é "legítima" por isto, porque, em oposição à "violência", não oprime nem destrói nada.

O "conceito" é uma figura da mediação. De modo que "não tem nada que ver com um amontoado" (7.439). Conceituar significa "abarcar algo como momento de uma conexão" (17.157). O conceito provoca uma conexão, uma totalidade conectada, orgânica. De modo que o conceito seria uma contrafigura do "amontoado". A "amplidão e extensão de singularidades coloridas" seria, segundo Hegel, apenas um amontoado colorido que deveria ser suprassumido em prol de uma unidade estruturada. Poderoso é o conceito, na medida em que "não resigna ou perde sua universalidade na objetividade dispersada, mas torna evidente sua unidade justamente por meio da e na realidade" (13.150). O "poder do conceito" (13.150, 13.127, 10.204) zela para que o todo não se desintegre em um *amontoado* meramente atômico" (7.439).

Devido à sua interioridade orgânica, os membros se distinguem das "pedras de um edifício", por exemplo, ou dos "planetas, luas" ou "cometas" (13.163). Comparado com o "sistema orgânico", o sistema planetário se parece ainda com um amontoado de pedras que permanece em é-assim sem espírito. Sua coesão não apresenta ainda nenhuma interioridade orgânica. A força da gravidade é exterior aos planetas, não sendo capaz de atravessá-los organicamente. É justamente uma força, não um poder. À força falta a interioridade. Não cria ainda nenhuma *alma*.

A unidade orgânica tem uma multiplicidade em si. Senão seria uma massa homogênea. Mas não *visa à* multiplicidade. E um significado relevante compete apenas ao que é um *associado*, um *membro*, um *elo* da conexão orgânica. Uma proximidade que não fosse a da associação não encontraria lugar ali. A união orgânica é uma forma bem rígida de ser-com.

Hegel atesta à religião grega uma graça e amabilidade particular. Ela seria "uma matéria infinitamente inesgotável, na qual se demora com prazer devido à sua amabilidade, graça e suavidade" (17.96). A amabilidade e alegria da religião grega se devem, segundo Hegel, à consciência da multiplicidade: "o contentamento da religião grega, o traço fundamental no que tange à sua disposição, tem seu fundamento em ser também um fim, algo venerado, sagrado; mas existe igualmente essa liberdade do fim, imediatamente por serem muitos os deuses gregos" (17.164). Todo deus tem uma característica particular. Uma vez que existem, contudo, muitos deuses, nenhum deles se obstina em sua particularidade. Desse modo, um deus da guerra também se abandona na paz. Essa consciência da multiplicidade gera, portanto, um contentamento amável. Ninguém se retém desesperadamente em si, em sua particularidade. Ninguém se tem por absoluto. Ninguém é excludente. A consciência da multiplicidade também faz com que surja uma distância irônica, na qual o indivíduo se ironiza, por assim dizer, para fora[137]. A pluralidade das determinações de fim também cria um "contentamento da tolerância", uma "amabilidade da existência": "em consideração da determinação de fim, esse modo é aquilo que o fim não é apenas *um*, se tornando *vários fins* [...]. Aqui, o fim real não é mais excludente, deixando muitos, todos, valerem uns ao lado dos outros, e o contentamento da tolerância é aqui uma determinação fundamental. São vários sujeitos que valem uns ao lado dos outros, muitas unidades, da qual a existência extrai seu meio; com isso, a amabilidade da existência está posta" (17.47-48). A orientação ao um, ao contrário, retira a amabilidade e o contentamento da existência: "Ao contrário, onde há *um* princípio, um princípio supremo e um fim supremo, ali não pode ter lugar esse contentamento" (17.164).

Em sua descrição geofilosófica do mundo-ilha grego, Hegel também ressalta a multiplicidade e diversidade. Desse modo, depreende da paisagem o espírito grego. Esta consiste de "uma quantidade de ilhas" e "de uma terra firme que é, ela mesma, insular" (12.277). Toda a Grécia seria "escarpada multiplamente por baías". Tudo estaria "dividido em pequenas partes", ficando "em fácil relação e conexão pelo mar". Embora existam montanhas e rios, não haveria "nenhum grande fluxo". O solo seria "formado diferentemente por montanhas e rios", sem que aparecesse "uma massa única grandiosa". Seria possível encontrar "aquela distribuição e diversidade que corresponde integralmente ao modo variado do povo grego e à mobilidade do espírito grego". Essa paisagem grega é amável no sentido de que não está dominada por nenhum "*grande* fluxo", por nenhuma "*massa* única grandiosa", de que o solo, apesar disso, não decai em "pequenas partes". Não é, portanto, um "amontoado atômico" de ilhas, pois apesar da "distribuição e diversidade", estão em uma "relação e conexão fácil pelo mar". Formam uma unidade que, contudo, se distingue da totalidade estruturada organicamente. Ficam justamente apenas em uma relação "fácil".

Apesar de seu "contentamento e amabilidade", o mundo grego é apenas "prosaico, existindo essencialmente como um recolhimento de coisas" (17.61). É "prosaico" por isto, porque lhe falta a "alma coesa" (15.242), a "subjetividade *abarcante*" (8.373), ou seja, a interioridade *orgânica*. Nenhum "poder organizador" (15.244) a forma, a *poetiza* em uma unidade orgânica, na qual "as partes particulares [seriam] apenas a própria explicação e aparência de *um* conteúdo".

Após uma admiração inicial da amabilidade grega, Hegel a põe em questão. Falta-lhe, a saber, a interioridade da subjetividade infinita. A amabilidade se efetiva dispersamente. O espetáculo colorido dos deuses também não é, para Hegel, outra coisa do que "politeimismo" que deve ser superado. Deve ceder ao "*um deus*" (14.130) da "religião absoluta", da religião da unidade[138]. Em sua dispersão na multiplicidade, o politeísmo grego não é capaz, para Hegel, de estabelecer "uma totalidade estruturada *sistematicamente* em si" (14.89), um sistema orgânico. A multiplicidade e diversidade dos deuses traz consigo a "contingência que se despoja da estrutura estrita das distinções conceituais": "eles [os deuses] são muitos, [e] apesar de [terem] natureza divina, sua multiplicidade dispersa é igualmente uma limitação, de modo que não se é, nessa medida, *sério* com ela" (17.130).

O "politeimismo" grego não tem nada *infinito*. Devido à dispersão no muito, na multiplicidade de fins, falta-lhe a "interioridade infinita" que caracteriza o *um* deus. A acumulação infinita no um, a subjetividade abarcante, deve redimir o "fora uns dos outros" ou o ao lado uns dos outros dispersante. Sobre a arte romântica que, segundo a hierarquia de Hegel das artes, constitui uma forma superior de arte do que a grega, isso significa que: "o conteúdo verdadeiro do romântico é a interioridade infinita, a forma correspondente, a subjetividade espiritual como apreensão de sua autonomia e liberdade. A negatividade absoluta de todo particular é esse infinito em si e universal em e para si, negatividade que consome todo fora uns dos outros, todos os processos da natureza e seu ciclo de surgimento, desaparecimento e ressurgimento, toda estreiteza da existência espiritual e dissolve consigo todos os deuses particulares na identidade pura e infinita. Nesse Panteão, todos os deuses estão destronados, a chama da subjetividade foi destruída e, em vez do politeimismo plástico, a arte conhece agora apenas *um deus, um* espírito, *uma* autonomia absoluta [...]" (14.130).

A riqueza do mundo grego distingue propriamente o "monte infinito de singularidades belas, suaves, graciosas" que não perturbam umas às outras. A beleza grega consiste justamente nessa proximidade amável de uns com os outros do diverso. Esse "contentamento em toda existência" (18.177), contudo, não é para Hegel uma forma suprema do espírito. Deve dar lugar a uma outra riqueza, a saber, a "riqueza de um mundo ideal superior" (18.178) que "encurrala" essa "riqueza das singularidades", "reduzindo-a à sua alma simples". A riqueza de muitas luzes coloridas e contentes deve ser suprassumida em *um* brilho da "alma simples", do "ser-um simples".

É demasiado compreensível a antipatia de Hegel em relação ao barroco. As "combinações barrocas" (8.12) não têm como resultado nenhuma unidade orgânica. Formam apenas um "amontoado", uma proximidade das coisas umas ao lado das outras sem coerência ou síntese, ou seja, não conceitual. O barroco é para Hegel idêntico ao "cru", ao "feio" e ao "selvagem". Falta-lhe o traço ao um que distingue a beleza. Cria, para Hegel, "distorções atrozes, selvagens, repugnantes" (16.339). A variedade barroca é diametralmente oposta ao ideal da arte que brilha na unidade orgânica. O barroco é sem conceito, sem "alma": "o mais universal que se pode expressar, segundo nossa consideração até aqui, do ideal da arte de modo completamente formal, afirma que embora, de um lado, o verdadeiro tem em seu desenvolvimento existência e verdade na realidade externa, o seu estar fora uns dos outros, por outro lado, deve ser tanto sintetizado e mantido em um que, então, cada parte do desenvolvimento faça aparecer nele essa alma, o todo" (13.203). O excesso barroco se alimenta da imaginação, por assim dizer, fervilhante. Sem sínteses conceituais, as coisas fazem relações de vizinhança. Misturam-se, multiplicam-se, apesar da distância conceitual. Essa excrecência barroca, esse excesso sem conceito suscita repugnância para Hegel. Seria já uma fase preliminar da morte.

Adorno caracterizou o barroco certa vez como uma "decoração absoluta" (*decorazione assoluta*). O ornamento barroco, contra o qual a *Sachlichkeit* – ou seja, a objetividade – "se revolta", não é, assim, mero acessório ornamental anexado apenas exteriormente à obra ou ao conceito. Em sua ausência de conceito, brilha, ao contrário, como um *theatrum dei*[139]. Nenhuma unidade orgânica é floreada amavelmente. Uma unidade orgânica constitui, ao contrário, uma redução ao "essencial". Barroco, ou seja, distante do conceito, também pareceria a Hegel aquele "fio fino" que Adorno reivindica contra a *Sachlichkeit*. Onde, contudo, todo "fio fino" é substituído pelo "reto", pela *Sachlichkeit*, objetividade, onde não há mais "nada indefinido", arrefece tudo em *Sache*, em objeto[140].

Hegel acusa Jean Paul de "reunião barroca do que está objetivamente mais distante do que tudo" (14.230): "Jean Paul procurou também por isso, para ter sempre novo material, em todos os livros dos mais diversos tipos, descrições de viagem botânicas, jurídicas, filosóficas, o que o surpreendia, anotando imediatamente, anexando ideias momentâneas e, fosse o caso de até mesmo inventar, combinar exteriormente o que fosse mais heterogêneo – plantas brasileiras com uma receita antiga da câmera imperial. Isso é louvar o particular como originalidade ou como humor que permite tudo e qualquer coisa, desculpando tudo. A verdadeira originalidade, contudo, justamente exclui de si de tal arbitrariedade" (13.382). A convergência do que está objetivamente mais distante do que tudo não é, portanto, um acidente que gera uma confusão incoerente.

Jean Paul, como se sabe, reúne coisas que pouco têm conceitualmente que ver umas com as outras. Apenas os numerosos hifens em seus textos já exemplificam esse conjunto barroco de incoerências. Em *Flegeljahre* [Anos de puberdade], por exemplo, lê-se: "no crepúsculo ruflava a nevasca, e do céu puro fulgurava a lua pelo bosque de flores da janela que se congelava – claros badalavam, do lado de fora, no ar rigoroso, os sinos do fim da tarde sob as colunas de névoas rebeldias – nossa gente veio, esfregando as mãos, dos jardins onde instalaram as árvores e colmeias na palha – as galinhas foram levadas para o galinheiro, pois põem mais ovos na névoa – poupava-se a luz, pois aguardava-se ansiosamente o pai – [...]". Hegel reprovaria em Jean Paul uma *hifenização do mundo*. Coisas distantes são associadas umas com as outras apenas com traços de conexão, ou seja, hifens, o que torna a vida em um amontoado colorido de coisas e acontecimentos: "A lanterna mágica da vida lança agora, brincando ordeiramente, figuras coloridas que seguem por seu caminho [...] ao longo da rua de um pequeno cemitério do lugarejo, por cujo muro relvado um cão de colo gordo poderia pular – um correio com quatro cavalos e quatro carteiros – a sombra de uma nuvem – depois dela na luz da sombra do voo de um corvo – castelos destroçados, altos e cinzentos – um moinho ruidoso – completamente novo – um parteiro que pula do cavalo – um barbeiro local mirrado que dispara com seu saco atrás dele – um gordo pregador local com uma pregação da colheita para agradecer a deus por toda a colheita e por todos seus ouvintes – uma carroça cheia de mercadorias e um bastão de mendigo, ambos seguindo para quermesse – um vilarejozinho de três casas com uma pessoa liderando a numeração em vermelho de casas e vielas – [...]".

O mundo-hífen de Jean Paul não é, para Hegel, um jogo encantador da vida, mas uma distorção repugnante do mundo, na qual nenhum conceito aparece, nenhum conceito é capaz de retornar a si, um mundo, portanto que se desfaz em coisas e eventos singulares. A Hegel pareceria sem sentido e contraditório a *narratio absoluta* que, como a *decorazione assoluta* barroca, justamente brilharia em sua ausência de conceito. Absoluto seria também aquele conto que Handke tem em mente, a saber, a "Epopeia do haicai" que segue o brilho sem conceito, absoluto, das coisas: "uma epopeia do haicai que se faria notar, contudo, de modo algum como tais coisas singulares, sem trama, intriga nem dramaturgia, e, mesmo assim, narrativo: isso me vem à mente como o supremo"[141]. A *narratio absoluta* não se desfaz em coisas individuais. É conjuntiva a proximidade sem conceito, a amabilidade que ocorre e une também sem *conceito*.

A coexistência próxima do objetivamente distante não precisa estar baseada em "arbítrio" subjetivo ou em "ideias momentâneas". Na sua fixação pela continuidade orgânica, Hegel não desenvolveu uma sensibilidade pela *proximidade do distante*, por aquela experiência de *mundo* que consistiria na percepção do *E*, em uma *repetição* particular: "e: soprar um tamarix e uma porta aberta"[142]. – "e: crepúsculo da manhã e rato (da janela)"[143]. O mundo que se torna visível pelo E, que se abre pela "repetição", é barroco em um sentido particular. A proximidade do conceitualmente distante emana aquela festividade que falta completamente à vinculação orgânica: "a repetição correta será sempre festiva, e barroca"[144]. O E não é nem "meramente subjetivo", nem "meramente estético". Remete à amabilidade do *mundo* que opera se conciliando. Nisso consiste a *ética do E*.

A amabilidade não deixa as coisas se manterem em coexistência. Cria um ser-participativo intenso: "acredito na desorganização, mas não no sentido do não ser participativo ou do isolamento, mas como ser-participativo muito intensa"[145]. O "poder do conceito" redime toda a distância em prol de uma proximidade orgânica. Toda "desorganização" como "ser-participativo" é uma forma "muito intensa" de mediação por isto, pois produz uma proximidade fora da continuidade *orgânica*, fora da *organização*. Justamente a distância conceitual, ou seja, o não-orgânico, outorga à proximidade do ser-participativo uma intensidade particular. As coisas que acontecem no ser-partilhado intenso não são nem *elos*, nem *membros*. A proximidade amável como "coexistência do dessemelhante e diferente" (*coexistence of dissimilars*)[146], o conjunto amável do sem nexo, se deve a um *vazio* particular que rompe a rigidez do si mesmo. Impede que as coisas perseverem em si ou persistam em si. O ser-participativo expressa a constituição de um outro espírito: "um signo do espírito é também: o ser-partilhado discreto, mudo, sem palavras"[147]. Seria possível falar também de um ser-partilhado sem conceito.

Cage distingue duas formas de espírito: "o espírito pode ser utilizado para abstrair os ruídos ambientes, para ouvir precisamente outras alturas de som do que os 88 preferidos e durações não-contáveis ou para ignorar cores sonoras tidas por não musicais ou repulsivas e, ademais, controlar e compreender uma tal experiência que se oferece. O espírito pode, contudo, suspender também seu desejo de melhorar a criação e operar como um receptor fiel da experiência"[148]. O espírito como receptor hospitaleiro se abstém do *juízo*. Escuta atentamente, em vez de ouvir precisamente. Nada é reprimido ou discriminado. Essa amabilidade faz com que ruídos se tornem eventos de som. O espírito se esvazia em uma casa hospitaleira do mundo. A amabilidade é uma *forma vazia* do espírito que se manifesta como uma afirmação extrema, como, por assim dizer, um *sim inconsciente, sem desejo, ao ser-as-sim*: "[...] tudo simplesmente ocorre, acontece. E não deve haver também olhar de relance e segundas intenções. – Os pequenos aconteci-mentos *atravessam* a forma vazia, mais ainda do que a preenchem [...] e raramente: o que me desagradou, mais do que desagradou, ao meio dia nesse lugar de mercúrio, o que me "conjugou" totalmente, tudo – que eu gos-to agora –, na forma vazia, tudo também os grandes refeitórios"[149]. Canetti também sabe o que é o espírito amável. Ouve como uma coisa só *Geist* e *Gast*, espírito e hóspede. A amabili-dade prepara espaços, espaços de permanên-cia para o sem-conceito, oferencendo-os uma *forma*: "abra os ouvidos novamente à distância e deixe entrar tudo, o sem sentido, o nunca or-denado em nenhum lugar, o que é em vão"[150].

O E que não produz uma conexão orgâ-nica-conceitual levaria, segundo Hegel, a um amontoado desalmado e tedioso. A inclinação compulsória de Hegel à unidade orgânica vem à expressão com frequência também nas entre-linhas: "um grande parque, ao contrário, espe-cialmente se equipado com templos chineses,

mesquitas turcas, casas suíças, pontos, eremité-
rios e sabe-se lá mais que outras estranhezas, já
exige para si mesmo reflexão; deve ser e signifi-
car algo para si mesmo. Mas esse estímulo imediatamente satisfatório logo desaparece, e não
se pode vê-lo uma segunda vez; pois esse ingre-
diente não oferece à vista nada que seja infinito,
nenhuma alma que é em si, e a conversa durante o passeio é, além disso, apenas tediosa e maçante para a distração" (14.350). Esse jardim da
pluralidade que não indica por si só uma transparência conceitual devido a suas "estranhezas"
culturais, dispersa, desanima e desinterioriza.
Falta-lhe o recolhimento, a "alma que é em si".
Não dá à vista "nada que seja infinito" por isto,
porque a reunião do mais distante conceitualmente constitui algo contingente ou exterior. O
infinito é, para Hegel, o interior ou o necessário. Por lhe faltar uma alma, o jardim é apenas
um circo colorido a que falta qualquer *foco*, ou
seja, *conceito*. Da interioridade, da "alma que é
em si", não parte amabilidade. O olhar amável
não é focado.

É "maçante", para Hegel, claramente esta
pluralidade sem conceito. Nas Lições de Esté-

tica, ele nota em uma passagem que "agitação desregrada em uma *table d'hôte* com muitas pessoas e o estímulo insatisfatório por elas [é] maçante". De modo que "caminhar daqui pra lá, tagarelar e fofocar" se deve "regrar". Além disso, a *table d'hôte* faz surgir um "tempo vazio". A música resolve o problema aqui. Ela redime a "agitação desregrada" na *table d'hôte*, na medida em que "rechaça" as "distrações e incursões" (15.155).

O que é o "tempo vazio" que se serve em uma *table d'hôte*? Em que medida se distingue do *tempo preenchido*? O tempo é, para Hegel, uma fórmula da interioridade e recolhimento. Permite o retorno-a-si. O espaço, ao contrário, destrói, envolvendo o exterior. Dificulta o retorno-a-si. De modo que a *alma habita* primariamente no tempo. Devido à sua "coexistência indiferente *próxima* umas às outras" (15.156), o espaço se despoja da interioridade e do recolhimento. O tempo, ao contrário, como que colapsa, tornando possível, com isso, um retorno-a-si, um círculo-em-torno-de-si. A alma se estabelece de bom grado nas *rugas do tempo*. O "sangue" é, nesse sentido, um "tempo animalesco", sendo o "movimento que se caça a si mesmo, esse estremecer-em-si absoluto" (9.447). É, por assim dizer, uma interioridade líquida, um tempo líquido, um fluxo da alma que sempre retorna a si. Seu ciclo se funda em uma unidade fechada organicamente.

O tempo é o "elemento universal da música" (15.156). De modo que o tempo musical nega o "estar-coexistente indiferente no espaço", na medida em que desenvolve um traço ao *um*. O "compasso" também conecta "diferentes partes do tempo em uma unidade, na qual o eu faz para si sua identidade consigo" (15.166). O compasso seria a forma acústica da repetição do eu: "nessa uniformidade, a autoconsciência se reencontra consigo mesmo como unidade, na medida em que [...] reconhece sua própria igualdade como ordem da variedade arbitrária [...]. A satisfação [...] que o eu recebe pelo compasso nesse reencontro de si mesmo é tão completa quanto a unidade e uniformidade que não corresponde nem ao tempo, nem aos sons como tais, mas é algo que pertence apenas ao eu e sobre o que está posta sua autossatisfação no tempo". No compasso musical, o eu se ouve e se desfruta. Aprofunda sua interioridade e seu recolhimento. Redime sobretudo a "variedade arbitrária" em prol de uma ordem uniforme.

O "tempo vazio" servido na *table d'hôte* é um tempo indiferentemente desvanecido sem interioridade ou recolhimento. Para Hegel, seu caráter consecutivo se assemelha demais à coexistência espacial, que se desintegra sem nexo nem conceito em uma variedade arbitrária. À *table d'hôte* falta o *recolhimento no um*. Desse modo, decai em uma distração, perdendo-se em ruído e na variedade de vozes. A música, o tempo musical, serve aqui para amortizar o desregrado, o desordenado.

A música "rechaça" as "distrações e incursões". O espírito que lhe dá fundamento é extremamente *inospitaleiro* nesse lugar de hóspedes, nessa mesa de hóspedes (*table d'hôte*). Tem que rechaçar não apenas toda distração, todo ruído, mas também toda palavra amável. De modo que, fosse o próprio mundo uma *table d'hôte*, faria surgir um mundo bastante inospitaleiro. O espírito de Hegel é diametralmente oposto àquele espírito que, na condição de "receptor fiel da experiência" faz afluir a variedade, o consecutivo, o desordenado. Esse espírito amável, hospitaleiro, é capaz também de, no ruído, escutar um *som* particular. A amabilidade *desinterioriza*, *desespacializa* o tempo. Houvesse uma música da amabilidade, deveria conter muito *espaço*, muito *entre-espaço*, muito *vazio*.

A música opera entusiasmando, arrebatando. Nisso consiste seu "poder *elementar*". Cria uma continuidade, na medida em que não deixa nada de lado, na medida em que desenvolve uma sucção ao um. Pouco antes de falar sobre a *table d'hôte*, Hegel comentava sobre a marcha como forma musical: "em tal modo à marcha dos soldados é introduzida música que impele o interior à regra da marcha, submergindo o sujeito nesse negócio e harmonicamente preenchendo com aquilo que deve ser feito". A marcha como forma musical *apropria*-se do sujeito todo na "norma da marcha". Quem senti-la em seus *membros*, cumprirá como se por *livre* vontade aquilo "que tem que ser feito". Um modo de funcionamento semelhante tem a "música do regimento que emprega, afia e incita à marcha, estimulando o ataque" (15.158). A marcha como forma musical *foca* o interior no "negócio", no regulamento. De um modo semelhante, a música deve eliminar, na *table d'hôte*, sua "agitação desregrada".

A amabilidade é uma *mediação*. Mas, ao contrário da mediação conceitual, seu *centro* é *vazio*. É livre da interioridade orgânica. Por seu centro ser vazio, é capaz de uma abertura particular. O centro não é um *termo*, mas outra abertura. A continuidade orgânica, ao contrário, abre apenas para fechar. Nisso consiste sua interioridade excludente. Fosse a "alma" inclinada natural e imediatamente ao orgânico, à amabilidade seria inerente algo *inatural*. É um "ser-parte intensivo", ou seja, uma forma intensiva de *espírito*. Somente uma educação auditiva à amabilidade é capaz de fazer com que o *espírito* perceba o variado, o adjacente, o engano, o fora de rota, o "sem sentido que em nenhum lugar foi ordenado, o que é em vão", como som. Seria necessária uma educação espiritual da amabilidade, sem a qual tudo se metamorfosearia em marcha e comandos[151].

Handke escreve em uma anotação: "'Quando se deixa a orquestra fazer o que quiser, acaba-se sempre em uma marcha', disse ontem o compositor"[152].

Notas

[1] Sobre a topologia universal do poder, cf. HAN, B.C. *Was ist Macht?* Stuttgart, 2005 [Ed. bras.: *O que é poder?* Trad. de G.S. Philipson. Petrópolis: Vozes, 2019].

[2] Talvez Hegel pertença àqueles autores que, apesar de tudo, são pouco lidos. Essa suspeita surge também na leitura de uma nota de Foucault sobre Hegel. Foucault, que se ocupou obcecadamente como nenhum outro com o problema do poder, disse que Hegel fora "o primeiro" a dizer que poder é repressão (cf. FOUCAULT. M. *Dispositive der Macht – Über Sexualität, Wissen und Wahrheit*. Berlim, 1978, p. 71). Estranhamente, Hannah Arendt aproxima o conceito de poder de Hegel da violência e do domínio (cf. ARENDT, H. *Macht und Gewalt*. Munique, 1975, p. 37). Na realidade, contudo, Hegel foi "o primeiro" a tentar reunir poder e liberdade. Essa aproximação de poder e liberdade constitui, na verdade, a atração principal da teoria hegeliana do poder.

[3] Hegel será citado pela edição *Werke in zwanzig Bänden*. Org. de E. Moldenhauer e K.M. Michel. Frankfurt a. M., 1970.

[4] HEGEL. Tagebuch der Reise in die Berner Oberalpen. In: ROSENKRANZ, K. *Georg Wilhelm Friedrich Hegels Leben*. Berlim, 1844, p. 470-490, aqui p. 483.

[5] Ibid., p. 472.

[6] Cézanne comentou certa vez que o ser humano não seria "nada mais do que um calor solar armazenado, organizado, uma memória do sol". Cf. CÉZANNE, P. *Über die Kunst – Gespräche mit Gasquet*. Hamburgo, 1957, p. 12.

[7] HEGEL. *Vorlesungen über die Geschichte der Philosophie*. Org. de H. Hoffmeister. Leipzig, 1940, p. 229.

[8] HEGEL. *Naturphilosophie* – Die Vorlesung von 1819/1820. Org. de M. Gies. Tomo 1. Nápoles, 1982, p. 62.

[9] Ibid., p. 63.

[10] HEIDEGGER. *Hölderlins Hymne "Andenken"* – Gesamtausgabe. Tomo 52, p. 177.

[11] BARTHES, R. Rauheit der Stimme. *Der entgegenkommende und der stumpfe Sinn – Kritische Essays III*. Frankfurt a. M., 1990, p. 269-278, aqui p. 271.

[12] BARTHES, R. *Das Reich der Zeichen*. Frankfurt a. M., 1981 [Ed. Bras.: O império dos signos. São Paulo: WMF Martins Fontes, 2016].

[13] Cézanne cita Zola em uma conversa: "Ah! A vida! A vida! Senti-la e contá-la em sua realidade, amá-la por sua própria vontade, ver nela a única beleza verdadeira, variada e eternamente [...]. Não desconfiar dos pensamentos insensatos, embelezá-los, na medida em que os circunda; compreender que as pretensas feiuras são apenas a erupção de cárácteres; produzir vida, formar pessoas, é o único modo de ser deus" (*Über die Kunst*, p. 17).

[14] Cf. Hegel, 15.127-15.128: "Desse modo, a arte clássica era a representação do ideal conforme o conceito, o acabamento do império da beleza. Não se pode ser nem se tornar mais belo. Entretanto, há superior como a aparência bela do espírito em sua forma imediata, sensível se criada pelo espírito como algo que lhe é adequado".

[15] Trad. para o alemão de D. Krusche. Munique, 1994.

[16] O mais amável dos espíritos seria justamente o espírito no momento do *em meio das coisas*: "a beleza do dia anterior – *em meio das coisas* – era de um silêncio que a repetição da beleza uma última vez não seria nada inimaginável" (HANDKE. Am Felsfenster morgens. Salzburgo/ Viena, 1998., p. 14).

[17] Cf. Hegel, 14.237: "nessa última forma de arte [i. e. a romântica] o divino também era, como nas anteriores, objeto em si e para si da arte. Esse divino, contudo, tinha que se objetivar, se determinar e, com isso, partir do conteúdo mundano da subjetividade.

[18] HAUSMANN, R. *Bilanz der Feierlichkeit, Texte bis 1933*. Tomo 1. Org. de M. Erlhoff. Munique, 1982, p. 94.

[19] ERNST, M. Württembergischen Kunstverein. Stuttgart, 1970, p. 35.

[20] Cf. RICHTER, H. *Dada*. Colônia, 1964, p. 28.

[21] KOSTELANETZ, R. (org.). *John Cage*. Colônia, 1973, p. 167.

[22] CAGE. *Silence*. Londres, 1971, p. 93. [Se algo é entediante depois de 2 minutos, experimenta por 4. Se ainda der tédio, tenta por 8, 16, 32 e assim por diante. Em algum momento se descobre que não é de modo algum entediante, mas interessante demais.]

[23] Cf. ibid., p. 30.

[24] KOSTELANETZ, R. (org.). *John Cage im Gespräch*. Colônia, 1989, p. 63.

[25] Ibid., p. 52.

[26] CAGE. *Silence*. Frankfurt a. M., 1987, p. 97.

[27] CAGE., *Silence*. Londres, 1971, p. 36. [A *música das mudanças* é um objeto mais inumano do que humano, uma vez que foram operações de acaso que a trouxeram à existência.]

[28] CAGE. *Silence*. Frankfurt a. M., 1987, p. 81.

[29] KOSTELANETZ, R. (org.). *John Cage im Gespräch*. Colônia, 1989, p. 194.

[30] CAGE. *Silence*. Frankfurt a. M., 1987, p. 32.

[31] RILKE. Auguste Rodin. In: *Sämtliche* Werke. Tomo 5, p. 135-280, aqui, p. 211. [A beleza é algo que se despoja do "fazer" [*Machen*], e com isso do poder [*Macht*] humano: "e ainda não ficou superficial repetir que não se pode 'fazer' beleza. Ninguém jamais fez beleza".]

[32] CAGE. Experimentelle Musik. *Begleitheft zu The 25-year retrospective concert of the music of John Cage*. Mainz, 1994, p. 71-78, aqui, p. 78.

[33] KOSTELANETZ, R. (org.). *John Cage im Gespräch*. Colônia, 1989, p. 183.

[34] DUNN, R. (org.). *John Cage*. Nova York, 1962, p. 31.

[35] Toda coisa, todo momento, é único: "todo momento é absoluto, vivo, significativo. Estorninhos levantam voo de um campo e fazem um barulho delicioso sem igual" (CAGE. *Silence*, p. 13).

[36] CÉZANNE, P. *Über die Kunst* – Gespräche mit Gasquet. Hamburgo, 1957, p. 9.

[37] Ibid., p. 14.

[38] Ibid., p. 9-10. Cf. p. 20: "Tormenta, há uma lógica de cores, somente a ela deve o pintor obedecer. Nunca à lógica do cérebro; quando esta ocorre, ele está perdido".

[39] Ibid., p. 15.

[40] Ibid., p. 27: "quero me perder na natureza, rebrotar com ela como ela, ter os sons contumazes do penhasco, a obstinação racional da montanha, a fluidez do vendo, o calor do sol. Meu cérebro circulará num verde com os sumos fluidos de uma árvore".

[41] Ibid., p. 12.

[42] Ibid., p. 36. Seria possível uma ética da aisthesis: "incorporando as cores em si, só se pode ser bom" (HANDKE. *Am Felsfenster morgens*, p. 91).

[43] CÉZANNE, P. *Über die Kunst* – Gespräche mit Gasquet. Hamburgo, 1957, p. 10-11.

[44] Ibid., p. 38.

[45] Ibid., p. 28.

[46] KOSTELANETZ, R. (org.). *John Cage im Gespräch*. Colônia, 1989, p. 46.

[47] CÉZANNE, P. *Über die Kunst* – Gespräche mit Gasquet. Hamburgo, 1957, p. 66.

[48] MERLEAU-PONTY, M. *Sinn und Nicht-Sinn*. Munique, 2000, p. 22.

[49] Ibid., p. 17.

[50] Ibid., p. 14.

[51] HANDKE, P. *Die Geschichte des Bleistifts*. Salzburgo/Viena, 1982, p. 235.

[52] CÉZANNE, P. *Über die Kunst* – Gespräche mit Gasquet. Hamburgo, 1957, p. 66.

[53] Ibid., p. 14.

[54] MERLEAU-PONTY, M. *Sinn und Nicht-Sinn*. Munique, 2000, p. 22

[55] CÉZANNE, P. *Über die Kunst – Gespräche mit Gasquet*. Hamburgo, 1957, p. 19.

[56] Ibid., p. 17. Cf. tb. p. 29: "gostaria de ser burro de pedra".

[57] O nojo não é aqui sinal de uma "crise aguda da autoafirmação diante de uma outridade inassimilável" (MENNINGHAUS, M. *Ekel*. Frankfurt a. M., 1999, p. 7). Também não é uma reação ao "totalmente outro" que se despoja de ser assimilado; ou seja, uma reação "àquilo ao qual não pode retornar a si de seu outro" (HAMACHER, W. Pleroma. In: HEGEL. *Der Geist des Christentums*. Org. de W. Hamacher. Frankfurt a. M., 1978, p. 287). Ao contrário, o nojo remete mais do que nada às crenças ausentes na digestibilidade do mundo ou ao isolamento que deve ser suprassumido de um sujeito incapaz de mundo, abstrato.

[58] CANETTI. *Masse und Macht*. Hamburgo, 1984, p. 240.

[59] HEGEL. *Vorlesungen über die Philosophie des Geistes*. Berlim, 1827/1828). Org. de F. Hespe e B. Tuschling. Hamburgo, 1994, p. 238.

[60] A interioridade da coesão que o jovem Hegel conecta com o poder ainda é livre da estrutura da subjetividade. Ela junta os indivíduos apenas em direção ao todo: "[...] o todo está ali onde o poder está; pois o poder é a unificação dos indivíduos" (1.595). Falta já aqui ao poder qualquer caráter de violência, de modo que se move na proximidade do amor. No jovem Hegel, contudo, muito raramente se fala do poder nesse sentido positivo. Nesse momento, não havia se formado ainda uma representação clara do poder em Hegel. Em alguns pontos ele é até mesmo oposto ao amor. Enquanto o amor conecta e anima, o poder produz separação e morte, de modo que poder e amor ficam em uma relação tensa negativa: "um ânimo puro não acanha ao amor, acanha-se; porém, que ele não seja perfeito, repreendendo-se por ser ainda um poder, um inimigo que gera obstáculo à perfeição" (1.247). Na virada posterior de Hegel à subjetividade, em contrapartida, há uma aproximação de amor e poder.

[61] HEGEL. *Vorlesungen über die Philosophie des Geistes*. Berlim, 1827/1828, p. 177.

[62] Theunissen também acredita que Hegel inverteu a polaridade "dessa relação das pessoas umas com as outras em uma relação da substância com essas elas", interpretando, assim, "a relação pretensamente basal das pessoas como uma relação da substância consigo mesmas". Desse modo, desaparece, continua Theunissen, "a autonomia das pessoas que Hegel; consequentemente, torna acidental" (Die verdrängte Intersubjektivität in *Hegels Philosophie des Rechts*. In: HENRICH, D.; HORSTMANN, R.P. (orgs.). Hegels Philosophie des Rechts. Stuttgart, 1982, p. 328.

[63] HEGEL. *Jenenser Realphilosophie I*. Org. de J. Hoffmeister. Leipzig, 1932, p. 227.

[64] CANETTI. *Die Provinz des Menschen – Aufzeichnungen 1942-1972*. Munique, 1970, p. 314.

[65] ARISTOTELES. *Nikomachische Ethik*, 1166a 29-32.

[66] Ibid., 1166b 1-2.

[67] ARISTOTELES. *Eudemische Ethik*, 1245a 35-38.

[68] CANETTI. *Die Provinz des Menschen*, p. 169.

[69] ARISTOTELES. *Eudemische Ethik*, 1242a 40; 1242b 1.

[70] Ibid., 1169b 12.

[71] HEIDEGGER. *Heraklit – Gesamtausgabe*. Tomo 55, p. 128.

[72] Ibid., p. 129.

[73] Sobre a ética da amabilidade de Heidegger, cf. HAN, B.-C. Über die Freundlichkeit – Zur Ethik Martin Heideggers. *Akzente*, 1, 2002, p. 54-68.

[74] HEIDEGGER. Hölderlins Hymne "Andenken". *Gesamtausgabe*. Tomo 52, p. 50.

[75] Ibid.

[76] Ibid.

[77] Ibid., p. 66.

[78] Ibid., p. 51.

[79] HANDKE. *Phantasien der Wiederholung*. Frankfurt a. M., 1983, p. 12.

[80] HANDKE. *Am Felsfenster morgens*. Salzburgo/Viena, p. 230.

[81] HEIDEGGER. *Die Geschichte des Seyns – Gesamtausgabe*. Tomo 69, p. 70.

[82] Ibid., p. 69.

[83] Ibid., p. 74. O "espírito" de Hegel seria para Heidegger um *idiot savant*: "No poder, o 'espírito' chega ao seu mais exterior e incondicionado desenvolvimento na inessência destravada. 'Espírito' diz aqui, de maneira moderna: o saber que se sabe a si mesmo e que é a realidade de tudo que se efetiva" (p. 78).

[84] HEIDEGGER. *Nietzsche I*. Pfullingen, 1961, p. 77. Hegel também chama a atenção que a enteléquia aristotélica, em oposição à ideia platônica que representa o "sem movimento", seria uma "atividade que se determina em si" (19.337). Devido a essa *interioridade* proporciona à enteléquia um caráter de poder.

[85] Cf. Heidegger. *Nietzsche II*, p. 406.

[86] Ibid., p. 467.

[87] Ibid., p. 435.

[88] Ibid., p. 472-473.

[89] HEGEL. *Vorlesung über die Logik – Ausgewählte Nachschriften und Manuskripte*. Tomo 10. Hamburgo, 2001, p. 168.

[90] *Vorlesungen über Logik und Metaphysik – Ausgewählte Nachschriften und* Manuskripte. Heidelberg. Tomo 11. Hamburgo 1992, p. 135.

[91] Ibid., p. 134.

[92] HEGEL. *Vorlesungen über die Logik*. Berlim, 1831, p. 177.

[93] Ibid., p. 165.

[94] Ibid., p. 172.

[95] HEIDEGGER. *Die Geschichte des Seyns*, p. 67.

[96] Cf. THEUNISSEN, M. Begriff und Realität – Hegels Aufhebung des metaphysischen Wahrheitsbegriffs. In: HORSTMANN, R.-P. (org.). *Seminar – Dialektik in der Philosophie Hegels*. Frankfurt a. M., 1978. p. 355. "Um tal amor pressupõe a luta na qual o universal, como o um por excelência, se apropria do outro como seu outro, e é também em si apenas a 'felicidade irrestrita' [...] da vitória, com a qual essa luta termina pela submissão integral do outro".

[97] HEIDEGGER. *Die Geschichte des Seyns*, p. 82.

[98] Ibid., p. 77.

[99] HEIDEGGER. *Erläuterung zu Hölderlins Dichtung*. Tomo 4, p. 131.

[100] HEIDEGGER. *Beiträge zur Philosophie*. Tomo 65, p. 227.

[101] HEIDEGGER. *Zur Sache des Denkens*. Tübingen, 1969, p. 16.

[102] HEIDEGGER. *Wegmarken*. Frankfurt a. M., 1967, p. 267-268.

[103] HEIDEGGER. *Nietzsche I*, p. 475.

[104] HEIDEGGER. *Die Geschichte des Seyns*, p. 69.

[105] HEIDEGGER. *Wegmarken*, p. 191.

[106] HEIDEGGER. *Unterwegs zur Sprache*. Pfullingen, 1959, p. 259.

[107] A linguagem dificulta adicionalmente essa separação. Está marcada ela mesma pelas relações do sujeito e da substância, às quais, contudo, justamente vale escapar. A essa dificuldade linguística, o próprio Heidegger chama atenção mais de uma vez: "Sobre todos picos / há silêncio [...] – 'encontra-se' silêncio? 'tem lugar'? 'se demora'? 'domina'? ou 'fica'? – 'impera'? Aqui não tem êxito nenhuma paráfrase" (*Nietzsche II*, p. 248). De modo que Heidegger põe também em questão a expressão "imperar", a que, no mais das vezes, prefere. Ela seria apenas um "recurso de emergência" (*Wegmarken*, p. 271).

[108] HEIDEGGER. *Der Satz vom Grund*. Pfullingen, 1957, p. 208.

[109] Ibid., p. 188.

[110] HEGEL. *Vorlesungen über Logik und Metaphysik*. Heidelberg, 1817, p. 139.

[111] HEIDEGGER. *Vorträge und Aufsätze*. Pfullingen, 1954, p. 204.

[112] HÖLDERLIN. *Sämtliche Werke*. Org. de F. Beissner. Stuttgart, 1951, tomo 2.1, p. 372.

[113] HEIDEGGER. *Vorträge und Aufsätze*, p. 201-202.

[114] CANETTI. *Das Geheimherz der Uhr – Aufzeichnungen 1973-1985*. Munique, 1987, p. 198.

[115] A "juventude berlinense por volta de 1900" de Benjamin permite uma interpretação fenomenológico-religiosa. O pequeno padre mágico de Benjamin experimenta seu

ambiente como um "arsenal de máscaras" com cuja aju-
da procura se apoderar de seu mundo: "A criança que está
atrás da cortina torna-se ela mesma em algo ondulante e
branco, um fantasma. A mesa de refeições sob a qual ela se
acocorou a faz se tornar ídolo de madeira do templo onde
as pernas entalhadas são as quatro colunas. E atrás de uma
porta ela própria é a porta; está revestida dela como de
pesada máscara e, como mago-sacerdote, enfeitiçará todos os que entram sem pressentir nada" (*Berliner Kindheit
um neunzehnhundert – Gesammelte Schriften IV.1*, p. 253
[Ed. bras.: *Infância berlinense por volta de 1900*. 5. ed. São
Paulo: Brasiliense, 1995, p. 39]). Metamorfoses e magia,
a que a criança se dedica, são ocupadas por fantasias de
poder. Porém, também contêm momentos de experiência
que não deixam ser descritos segundo a lógica do poder.
De modo que metamorfoses constituem uma forma muito
intensa, íntima de comunicação e de experiência de mundo. Afundam a pequena criança em um contínuo colorido
de ser: "em nosso jardim havia um pavilhão abandonado,
carcomido. Amava-o por suas janelas coloridas. Ao deslizar
as mãos em seu interior, de vidro em vidro, me metamor-
foseava; ganhava a cor da paisagem exuberante da janela,
ora flamejante, ora empoeirada, logo abrasadora, depois
exuberante. [...] No céu, com uma joia ou em um livro, me
perdia nas cores" (p. 263).

[116] BATAILLE. *Theorie der Religion*. Org. de G. Bergfleth.
Munique, 1997, p. 145.

[117] Ibid., p. 48.

[118] O Extremo Oriente também conhece um sim ao ser-assim. Mas não é nem o sim da "submissão", nem o da "renúncia". O mundo é vazio enquanto tal. Desse modo, não
haveria também aquela "violência" diante da qual a pessoa
teria que retirar seu coração, de modo que, onde ela cra-
vasse, também não encontraria nada. O sim do Extremo
Oriente não é grego. O coração não se retém em nada por
isto, porque não há nada firme, porque tudo é fugaz como
um sonho. Na abertura de uma conhecida poesia de Li Po
(699-762) vem a frase "O banquete de noite primaveril sob
flores de ameixa e de pêssego", isso foi colocado desta maneira: "céu e terra – o espaço todo – é apenas uma hospe-

daria [...] / Sol e Lua são apenas hóspedes, hóspedes caminhante dos tempos eternos. / A vida nesse mundo fugaz se parece com um sonho. / Quem sabe com que frequência ainda rimos? / Nossos antepassados acendem velas para louvar a noite [...]" (apud BASHÔ. *Auf schmalen Pfaden durchs Hinterland*. Trad. de G.S. Dombrady. Mainz, 1985, p. 42). O mestre-zen Dôgen também nota: "nossa vida é como um sonho. Luz e sombra passam rápido de uma à outra. Nossa vida se extingue muito fácil" (SHÔBÔGENZÔ, apud ELBERFELD, R. *Phänomenologie der Zeit im Buddhismus*. Stuttgart, 2004, p. 81). O sonho oriental não é o sonho da psicanálise. É um sonho sem sonho, pois o próprio mundo é um sonho; ou seja, um sonho absoluto, pois a ele não se antecede nem segue nenhum mundo "real". O mundo como sonho é um mundo do vazio. Nada persevera em si; nada se obstina em si. A amabilidade oriental se origina de um despertar para o sonho, para a vacuidade do mundo. O estado de suspensão onírica que não deixa nada perseverar em si, não é, além disso, um estado de poder. Este pressupõe um substantivo fixo, um sujeito fixo.

[119] LINJI LU. *Aufzeichnungen der Lehren und Unterweisungen des grossen Zen-Meisters*. Berna, 1995, p. 111.

[120] YUNMEN. *Zen-Worte vom Wolkentor-Berg*. Berna, 1994, p. 208.

[121] LÉVINAS. *Wenn Gott ins Denken einfällt*. Friburgo/Munique, 1985, p. 80-81.

[122] LÉVINAS. *Jenseits des Seins oder anders als Sein geschieht*. Friburgo/Munique, 1992, p. 391.

[123] Ibid., p. 19.

[124] Ibid., p. 385.

[125] Ibid., p. 303.

[126] LÉVINAS. *Wenn Gott ins Denken einfällt*, p. 264.

[127] LÉVINAS. *Jenseits des Seins oder anders als Sein geschieht*, p. 310.

[128] LÉVINAS. *Die Spur des Anderen*. Friburgo/Munique, 1983, p. 318.

[129] LÉVINAS. *Jenseits des Seins oder anders als Sein geschieht*, p. 45.

[130] Ibid., p. 203.

[131] Ibid., p. 395.

[132] Ibid., p. 225.

[133] Ibid., p. 126.

[134] Ibid., p. 395.

[135] Ibid., p. 126.

[136] Em francês, no original. Embora corriqueiramente essa expressão possa ser traduzida por "menu", aqui Byung-Chul Han parece indicar para seu sentido mais literal e, ao mesmo tempo, mais filosófico, que em português poderia ser "mesa do anfitrião", na qual os convidados se sentavam conjuntamente em uma espécie de hospedagem, pousada ao modo francês, sendo-lhes servida uma refeição comum [N.T.].

[137] Hume também atribui mais tolerância ao politeísmo: "na medida em que se reconhece um único objeto de veneração, a adoração de outras divindades é tida por absurda e repudiável. Essa unidade do objeto parece naturalmente requerer a unidade da crença e das cerimônias e maquinadores; com isso, produzem um pretexto para tachar seu adversário como profanador religioso e como objeto de vingança divina e humana" (HUME. *Naturgeschichte der Religion*. Hamburgo, 1984, p. 37).

[138] Ao politeísmo corresponde, o que, na verdade, era o resultado da consideração geofilosófica de Hegel, a paisagem grega e, no limite, europeia que, em oposição à do Oriente, dominada por *uma* massa de terra inculta e por *uma* grande correnteza, apresenta uma variedade intensiva. A religião de um deus seria, por isso, oriental. Contradiz, com isso, a constituição geofilosófica europeia.

[139] Cf. ADORNO. *Ästhetische Theorie – Gesammelte Schriften*. Tomo 7. Frankfurt a. M., 1970, p. 437-438.

[140] Cf. ADORNO. *Minima Moralia – Gesammelte Schriften*. Tomo 1. Frankfurt a. M., 1970, p. 45-46.

[141] HANDKE. *Die Geschichte des Bleistifts*, p. 79.

[142] HANDKE. *Am Felsfenster morgens*, p. 197.

[143] Ibid., p. 144.

[144] Ibid., p. 399.

[145] KOSTELANETZ, R. (org.). *John Cage im Gespräch*. Colônia, 1989, p. 194.

[146] CAGE, *Silence*. Londres, 1968, p. 12.

[147] HANDKE. *Am Felsfenster morgens*, p. 246.

[148] CAGE. Komposition als Prozess [1958]. In: METZGER, H.-K. (org.). *Darmstadt-Dokumente I*. Munique, 1999, p. 150.

[149] HANDKE. *Am Felsfenster morgens*, p. 22.

[150] CANETTI. *Nachträge aus Hampstead – Aufzeichnungen*. Munique, 1994, p. 43.

[151] A amabilidade é o *pró-logo, a palavra prévia, Vor-Wort* que aquece e fomenta as palavras. Sem ela, as palavras se arrefeçam em mera comunicação. Se existir uma diferença entre o dizer e o dito, ela seria a amabilidade.

[152] HANDKE. *Am Felsfenster morgens*, p. 227.

Referências

ADORNO, T.W. *Ästhetische Theorie – Gesammelte Schriften*. Tomo 7. Frankfurt a. M., 1970.

ADORNO, T.W. *Minima Moralia – Gesammelte Schriften*. Tomo 1. Frankfurt a. M., 1970.

AGAMBEN, G. *Homo sacer – Die souveräne Macht und das nackte Leben*. Frankfurt a. M., 2002.

ANGEHRN, E. *Freiheit und System bei Hegel*. Berlim, 1977.

ARENDT, H. *Macht und Gewalt*. Munique, 1970.

ARENDT, H. *Vita activa oder Vom tätigen Leben*. Munique, 1981.

ARISTOTELES. *Eudemische Ethik*. Tomo 7. Trad. de F. Dirlmeier. Berlim, 1962.

ARISTOTELES. *Nikomachische Ethik*. Trad. de E. Rolfes. Hamburgo, 1985.

BARTHES, R. *Das Reich der Zeichen*. Frankfurt a. M., 1981 [Ed. bras.: *O império dos signos*. São Paulo: WMF Martins Fontes, 2016].

BARTHES, R. *Der entgegenkommende und der stumpfe Sinn – Kritische Essays III*. Frankfurt a. M., 1990.

BENJAMIN, W. *Berliner Kindheit um neunzehnhundert* [com posfácio de T.W. Adorno]. Frankfurt a. M., 1987 [Ed. bras.: *Obras Escolhidas II*. 5. ed. São Paulo: Brasiliense, 1995].

BIENENSTOCK, M. "Macht" and "Geist" in Hegel's Jena Writings. *Hegel-Studien*, 1983, p. 139-172.

BUTLER, J. *Psyche der Macht – Das Subjekt der Unterwerfung*. Frankfurt a. M., 2001.

CAGE, J. *Silence*. Londres, 1971.

CAGE, J. *Silence*. Frankfurt a. M., 1987.

CAGE, J. Experimentelle Musik. *Begleitheft zu The 25-year retrospective concert of the music of John Cage*. Mainz, 1994, p. 71-78.

CAGE, J. Komposition als Prozess [1958]. In: METZGER, H.K. et al. (orgs.). *Darmstadt-Dokumente I*. Munique, 1999.

CANETTI, E. *Masse und Macht*. Hamburgo, 1960.

CANETTI, E. *Die Provinz des Menschen – Aufzeichnungen 1942-1972*. Munique, 1970.

CANETTI, E. *Das Geheimherz der Uhr – Aufzeichnungen 1973-1985*. Munique, 1987.

CANETTI, E. *Die Fliegenpein* – Aufzeichnungen. Munique, 1992.

CANETTI, E. *Nachträge aus Hampstead – Aufzeichnungen*. Munique, 1994.

CÉZANNE, P. *Über die Kunst – Gespräche mit Gasquet*. Hamburgo, 1957.

DERRIDA, J. *Glas*. Paris, 1974.

DERRIDA, J. *Grammatologie*. Frankfurt a. M., 1974.

DERRIDA, J. *Randgänge der Philosophie*. Viena, 1988.

FINK-EITEL, H. *Logik und Intersubjektivität – Kommentierende Untersuchungen zu Hegels "Wissenschaft der Logik" als einer Freiheits-theorie*. Meisenheim, 1978.

FOUCAULT, M. *Überwachen und Strafen – Die Geburt des Gefängnisses*. Frankfurt a. M., 1976.

FOUCAULT, M. *Mikrophysik der Macht – Über Strafjustiz, Psychiatrie und Medizin*. Berlim, 1976.

FOUCAULT, M. *Dispositive der Macht – Über Sexualität, Wissen und Wahrheit*. Berlim, 1978.

FOUCAULT, M. *Das Subjekt und die Macht*. In: DREYFUS, H.L. & RABINOW, P. (orgs.). *Michel Foucault – Jenseits von Strukturalismus und Hermeneutik*. Weinheim, 1994, p. 241-261.

HABERMAS, J. Arbeit und Interaktion – Bemerkungen zu Hegels Jenenser Philosophie des Geistes. *Technik und Wissenschaft als "Ideologie"*. Frankfurt a. M., 1969, p. 9-47.

HAMACHER, W. Pleroma – Zum Begriff der Lektüre bei Hegel. In: HEGEL, G.W.F. *Der Geist des Christentums – Schriften 1796-1800*. Org. de W. Hamacher (org.). Frankfurt a. M., 1978.

HAN, B.-C. *Heideggers Herz – Zum Begriff der Stimmung bei Martin Heidegger*. Munique, 1996.

HAN, B.-C. *Todesarten – Philosophische Untersuchungen zum Tod*. Munique, 1998.

HAN, B.-C. *Martin Heidegger – Eine Einführung*. Munique, 1999.

HAN, B.-C. *Philosophie des Zen-Buddhismus*. Stuttgart, 2002.

HAN, B.-C. *Tod und Alterität*. Munique, 2002.

HAN, B.-C. *Hyperkulturalität – Kultur und Globalisierung*, Berlim 2005.

HAN, B.-C. *Was ist Macht?* Stuttgart 2005 [Ed. brasileira: *O que é poder*. Trad. de Gabriel Salvi Philipson. Petrópolis: Vozes, 2019].

HAN, B.-C. *Über die Freundlichkeit* – Zur Ethik Martin Heideggers. *Akzente*, 1, 2002, p. 54-68.

HANDKE, P. *Die Geschichte des Bleistifts*. Salzburgo/Viena, 1982.

HANDKE, P. *Phantasien der Wiederholung*. Frankfurt a. M., 1983.

HANDKE, P. *Versuch über die Müdigkeit*. Frankfurt a. M., 1992.

HANDKE, P. *Am Felsfenster morgens*. Salzburgo/Viena, 1998.

HEGEL, G.W.F. *Werke in zwanzig Bänden*. Org. de E. Moldenhauer e K.M. Michel. Frankfurt a. M., 1970.

HEGEL, G.W.F. *Vorlesungen über Logik und Metaphysik – Ausgewählte Nachschriften und Manuskripte* (Heidelberg, 1817). Tomo 11. Hamburgo, 1992.

HEGEL, G.W.F. *Vorlesungen über die Logik – Ausgewählte Nachschriften und Manuskripte* [Berlim, 1831]. Tomo 10. Hamburgo, 2001.

HEIDEGGER, M. *Vorträge und Aufsätze*. Pfullingen, 1954.

HEIDEGGER, M. *Unterwegs zur Sprache*. Pfullingen, 1959.

HEIDEGGER, M. *Wegmarken*. Frankfurt a. M., 1967.

HEIDEGGER, M. *Was heisst Denken?* 3. ed. Tübingen, 1971.

HEIDEGGER, M. *Gesamtausgabe*. Frankfurt a. M., 1975ss.

HEIDEGGER, M. *Zur Sache des Denkens*. 2. ed. Tübingen, 1976.

HEIDEGGER, M. *Der Satz vom Grund*. 5. ed. Pfullingen, 1978.

HEIDEGGER, M. *Sein und Zeit*. 15. ed. Tübingen, 1979.

HEIDEGGER, M. *Gelassenheit*. 8. ed. Pfullingen, 1985.

HENRICH, D. *Hegel im Kontext*. Frankfurt a. M., 1981.

HÖLDERLIN, F. *Sämtliche Werke*. Org. de F. Beissner. Stuttgart, 1951.

HONNETH, A. *Kritik der Macht – Reflexionsstufen einer kritischen Gesellschaftstheorie*. Frankfurt a. M., 1985.

HUME, D. *Naturgeschichte der Religion*. Hamburgo, 1984.

KOJÈVE, A. *Hegel – Eine Vergegenwärtigung seines Denkens*. Frankfurt a. M., 1975.

KOSTELANETZ, R. (org.). *John Cage*. Colônia, 1973.

KOSTELANETZ, R. (org.). *John Cage im Gespräch*. Colônia, 1989.

LÉVINAS, E. *Die Spur des Anderen*. Friburgo/Munique, 1983.

LÉVINAS, E. *Wenn Gott ins Denken einfällt*. Friburgo/Munique, 1985.

LÉVINAS, E. *Totalität und Unendlichkeit – Versuch über Exteriorität*. Friburgo/Munique, 1987.

LÉVINAS, E. *Jenseits des Seins oder anders als Sein geschieht*. Friburgo/Munique, 1992.

LUHMANN, N. *Macht*. Stuttgart, 1975.

MAJETSCHAK, S. *Die Logik des Absoluten – Spekulation und Zeitlichkeit in der Philosophie Hegels*. Berlim, 1992.

MENNINGHAUS, W. *Ekel*. Frankfurt a. M., 1999.

MERLEAU-PONTY, M. *Sinn und Nicht-Sinn*. Munique, 2000.

PIPPIN, R.B. *Hegel's Idealism – The Satisfactions of Self-Consciousness*. Cambridge, 1989.

ROSENKRANZ, K. *Georg Wilhelm Friedrich Hegels Leben*. Berlim, 1844.

RÖTTGERS, K. *Spuren der Macht*. Friburgo/Munique, 1990.

SCHMITT, C. *Politische Theologie – Vier Kapitel zur Lehre von der Souveränität*. 4. ed. Berlim, 1985.

SCHMITT, C. *Gespräche über die Macht und den Zugang zum Machthaber – Gespräch über den Neuen Raum*. Berlim, 1994.

SIEP, L. *Anerkennung als Prinzip praktischer Philosophie* – Untersuchungen zu Hegels Jenaer Philosophie des Geistes. Friburgo, 1979.

SIMON, J. *Wahrheit als Freiheit – Zur Entwicklung der Wahrheitsfrage in der neueren Philosophie*. Berlim/Nova York, 1978.

STEKELER-WEITHOFER, P. *Hegels Analytische Philosophie – Die Wissenschaft der Logik als kritische Theorie der Bedeutung*. Paderborn, 1992.

THEUNISSEN, M. Begriff und Realität – Hegels Aufhebung des metaphysischen Wahrheitsbegriffs. In: HORSTMANN, R.-P. (org.). *Seminar – Dialektik in der Philosophie Hegels*. Frankfurt a. M., 1978, p. 324-357.

THEUNISSEN, M. Krise der Macht – Thesen zur Theorie des dialektischen Widerspruchs. In: HEGEL. *Jahrbuch*, 1974, p. 318-329.

THEUNISSEN, M. *Sein und Schein – Die kritische Funktion der Hegelschen Logik*. Frankfurt a. M., 1978.

THEUNISSEN, M. Die verdrängte Intersubjektivität in Hegels Philosophie des Rechts. In: HEN-

RICH, D.; HORSTMANN, R.P. (orgs.). *Hegels Philosophie des Rechts*. Stuttgart, 1982.

THEUNISSEN, M. *Negative Theologie der Zeit*. Frankfurt a. M., 1991.

ZENKERT, G. Die Macht der öffentlichen Meinung. *Der Staat*, 31, 1992, p. 321-345.

ZENKERT, G. Hegel und das Problem der Macht. *Deutsche Zeitschrift für Philosophie*, 43, 1995, p. 435-451.

WILDT, A. *Autonomie und Anerkennung – Hegels Moralitätskritik im Lichte seiner Fichte-Rezeption*. Stuttgart, 1982.

Livros de **Byung-Chul Han** publicados pela
Editora Vozes

Sociedade do cansaço
Agonia do eros
Sociedade da transparência
Topologia da violência
O que é poder?
No enxame – perspectivas do digital
A salvação do belo
Bom entretenimento – uma desconstrução da
  história da paixão ocidental
Hiperculturalidade – cultura e globalização
Filosofia do zen-budismo
Morte e alteridade
Favor fechar os olhos – em busca de um
  outro tempo
Sociedade paliativa – a dor hoje
Capitalismo e impulso de morte – ensaios e
  entrevistas
O desaparecimento dos rituais – uma
  topologia do presente
Louvor à Terra – uma viagem ao jardim
A expulsão do outro – sociedade, percepção e
  comunicação hoje
Hegel e o poder – um ensaio sobre a
  amabilidade
Infocracia - Digitalização e a crise da
  democracia

Conecte-se conosco:

f facebook.com/editoravozes

⊙ @editoravozes

🐦 @editora_vozes

▶ youtube.com/editoravozes

☎ +55 24 99267-9864

www.vozes.com.br

Conheça nossas lojas:

www.livrariavozes.com.br

Belo Horizonte – Brasília – Campinas – Cuiabá – Curitiba
Fortaleza – Juiz de Fora – Petrópolis – Recife – São Paulo

EDITORA VOZES LTDA.
Rua Frei Luís, 100 – Centro – Cep 25689-900 – Petrópolis, RJ
Tel.: (24) 2233-9000 – E-mail: vendas@vozes.com.br